U0856931

倫理道德

是做人說明書

下册

邹殿斌◎著

华龄出版社
HUALING PRESS

图书在版编目（CIP）数据

伦理道德是做人说明书．下 / 邹殿斌著．-- 北京：华龄出版社，2025．5．-- ISBN 978-7-5169-2972-8

Ⅰ．B82-49

中国国家版本馆 CIP 数据核字第 2025NK4041号

策划编辑	赵迎辉	**责任印制**	李未圻
责任编辑	李梦娇	**装帧设计**	九章文化

书　　名	伦理道德是做人说明书 · 下	**作　者**	邹殿斌
出　　版 **发　　行**	华龄出版社 HUALING PRESS		
社　　址	北京市东城区安定门外大街甲 57 号	**邮　编**	100011
发　　行	（010）58122255	**传　真**	（010）84049572
承　　印	盛大（天津）印刷有限公司		
版　　次	2025 年 5 月第 1 版	**印　次**	2025 年 5 月第 1 次印刷
规　　格	787mm × 1092mm	**开　本**	1/16
印　　张	18.5	**字　数**	175 千字
书　　号	ISBN 978-7-5169-2972-8		
定　　价	98.00 元（全二册）		

序

优良家风代代传

家风，又称门风，是家庭或家族绵延不断的教育形成的风气；家风，看不见、摸不着，却时刻在影响着家族的每一个成员；家风，是一个家庭的精神内核，也是一个社会的价值缩影。

从古至今，无论是世家大族的家训、家风，还是普通百姓父母或长辈的言传身教，都培育着一种家庭文化和美德的氛围，传递着一个家庭、家族的规矩和道德准则。

家风、家教、家道经过代代传承，在家庭、家族和整个民族的发展中熠熠生辉……

在编辑整理邹老师的书稿时，得知老师从1987年到现在，身体力行宣讲五伦八德，长达三十七年。更为惊叹的是，邹氏家族有着经过考证的九代祖先，他们一直将祖训代代相传。

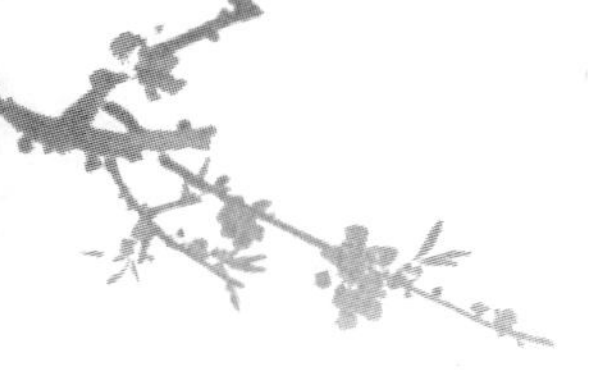

家风无声，传承有道

邹老师从太爷的故事开始，他讲到他太爷曾说过：“天地间立人本孝悌为先，先祖考德行培生我培元。”

太爷首孝悌，把家风建设摆在重要位置，修身律己，廉洁齐家，让我们感受到了太爷一马当先做出表率和传承家风的精神风范。

五位爷爷做人、做事，处处都践行着父子有亲、长幼有序、夫妇有别、君臣有义、朋友有信的五伦之道。邹老师严谨的工作态度，几十年如一日地传播、传承、弘扬五伦八德，书写着他深厚博大的家国情怀。

太奶、奶奶们的相处，再现了女德的温情。让我们体会到家风就是长辈们的一言一行，是一种沁人心脾的“润物细无声”。母亲忍受大娘辱骂七年，只为家族和睦。她依道而行，默默演绎着女德的孝、顺、和、睦、慈、良、贞、静。

张老师贤良淑德，孝敬长辈，支持丈夫的工作，养育了三个子女，可谓助夫成道德善路的典范。姑奶到来之后，发生了一系列有趣的事儿，照见了邹老师一家人的美德。

古人说：“道德传家，十代以上，耕读传家次之，诗书传家又次之，富贵传家，不过三代。”

“我父亲喧读，一喧两个小时左右，我们当时都很愿意听。调子是这样的：当一家^老太太^得会享福——，东不管^西不管^太太平服——，多说话^多讨嫌^多是非出——。就这个调子，挺有意思的。我父亲喧，我们听，尤其听到孝敬父母那部分，有时听得掉眼泪。这就是告诉我们千万不要忘了祖先的教育，更重要的是不忘祖先的德行。”这一段是邹老师讲他小时候过大年，一大家子围坐在炕上，听长辈“喧”唱家书。

从家族的长辈们身上我们看到了光，这是真正的教育。它是一个灵魂唤醒另一个灵魂，一颗心灵感召另一颗心灵，一个生命点燃另一个生命的过程。代代相传的家风孕育和诠释着志愿行的次第。

天下之本在家

家风的传承，不仅是对历史的尊重，也是家族历史的延续，更是对后代的教育和引导。

家风好，就能家道兴盛，和顺美满；家风差，难免殃及子孙，危害社会。正所谓，“积善之家，必有余庆；积不善之家，必有余殃”。所以说，你的家风里，也藏着孩子的未来。

书中讲的童蒙训和小姑贤，姑娘成人之道，媳妇齐家之道，这些都关乎我们的为人，值得我们去读一读。

现代人讲的命运共同体，也是同体模式，人人不为个体而活。我们是一个整体，人类即自己，关爱他人就是关爱自己，伤害他人就是伤害自己。就像一滴水，只有放进大海里才能永远不会干涸，一个人只有当他把自己和集体事业融合在一起的时候才更加有力量。人类命运共同体模式，即心大同模式。

同样，多为整体着想，去关爱每一个人，温暖自己，拥抱世界，尽自己的一份力量来推进大同和谐，促进人类进入幸福的新文明，这是一件非常有意义的事情。

张淑平

2024年10月1日于北京

目　录

上篇　家风篇

第一部分　男子德行故事

第二部分　女子德行故事

下篇　女德篇

第一部分　女子德行养成

第二部分　女子德行践行（张淑范讲）

上　篇

家风篇

第一部分 男子德行故事

男子·德行

男子五善

《易经》中讲:“积善之家，必有余庆;积不善之家，必有余殃。”修善积德的个人和家庭，必然有更多的吉庆。我们要做积善之家的人，做忠孝贤良的善人。

就像讲男女的善恶，讲善家、恶家，包括之前讲那些小题目，自始至终讲的是伦理道德。不是说讲父子，只能父子适用，夫妻、兄弟姐妹、上下级、朋友都适用，它们之间是相互关联的。我们要活学活用，明白五伦之道贯穿整个课堂的道理。

首先，说男子的五善。

一、仁德

仁德，仁爱或仁慈之德。仁德之人，正直，有主意（正确的主意）。这样的人一般爱人爱物，属阳光的、正面的，能做到无偏无党（不偏不倚）。他走道走在中间（中庸），办事不着急、不上火，不慌不忙，比较稳重。

我们讲中道或中庸，古人讲中正仁和，居中，特别明理。事情一出来，道理明明白白，喜欢办善事。凡是善事，他若不做，心里不舒服，怎么琢磨也想做点善事。稳稳当当，从容走中道。

比方说，社会上有好多热衷传统文化，并且比较有领导能力的人，都是善人。有担当，有能力，有责任感，有智慧，办慈善事业，这些都是通过后天学习培养出来的，我们应该做这样阳光的人。

二、明礼

礼者，理也。我们的社会很尊重长辈，包括有地位的人（比如领导）。我妻子在公交车上，一看见老年人，或比她岁数小，身体不好的，她马上给人让座。

有些人玩世不恭，好像自己很了不起似的，不能这样。在单位，领导安排工作要服从。不去、不干、不服从领导分配、跟领导顶着干，这能叫尊重长上吗？

在企业里，我当过电工、建筑工人，教过学，做过宣传、秘书、职工教育、纪检监察、信访等工作。我服从领导分配，领导让我怎么干，我就怎么干，没和领导顶着干过。领导工作安排不合理的情况肯定有，能都合理吗？

不管合不合理，怎么安排是领导的问题，我们不要指手画脚。如果有责任心，可以提建议。比方说，我当厂长办秘书时，两个副厂长对立，一个管生产，另一个管销售。对立不代表人

家有错误，可能有些问题没协商好。厂长挺有能力，我作为秘书，开办公会没有发言权，但我能看到。七八月是黄金季节，如果搞不好生产，就会影响全厂工人的工资和奖金。办公会后，我写了两页建议，写完后从厂长办公室门缝塞了进去。大概意思是：书记和厂长是互助关系，要想绝对合理是不可能的。现在是黄金时期，一定要协调好，先把生产抓起来，再僵持下去，势必影响全厂的工资和奖金发放的问题，最后职工不会有意见吗？厂长真采纳了我的意见。没几天，就把厂里的问题协调解决了。建议我提出来了，采不采纳是领导的问题，但这种方式充分尊重了领导。

虚怀若谷，心胸宽广。家里家外，事做坏了很正常，做坏了怎么办？自我反省，主动承担过错。更难做的是：别人做错了，不抱怨、不埋怨别人，还能原谅别人。既能相信别人，又不怀疑别人，难不难？这得有多大度量？没有错的时候啥都好办，遇到问题才能显示出虚怀若谷、宽宏大量。

谦虚卑下。有过错时，别人都不肯承认，我们首先站出来承认自己的过错，反省并改正。实践证明这样做相当难，不是一般人能做到的，但我们学习伦理道德，必须做到才行。

三、讲信用

言必信，行必果。此外还能中理，合乎道义、道理，为人厚道，忠诚实在，能容人，宽宏大量。宰相肚里能行船。我们起码要做到胸怀宽广。总说海纳百川，但要做到没有那么容易。做事肯定有遇到挫折、失败的时候，怎么办呢？找人优点，承认自己的缺点。找人好处，这不是宽宏大量吗？这样的人肯定有好人缘。

之前讲了我母亲去世的事。隔不长时间，又有一位老人去世，他没火化。棺材板子松木的比较多，特别是落叶松，很沉。出殡那天，不多不少正好十个人抬棺材。两边各四个，后面两个，前面是力气大的。旁边有二三十人，离棺材四五十米远，不上前。干什么呢？看笑话。看啥笑话？看谁帮你抬。为啥？人缘不好。我们是不是见过这样的人？

棺材需要抬上拖拉机，我不知道棺材多重，但看上去很重，十个人抬很吃力，抬到一米多高往车上一推就行。抬平身时，刚要抬上车尾，使不上力气了。没擎住，往下一秃噜，差点落地上。如果落下，后面那两人就会被压底下，非常危险。

我离得远，在干别的事，伸不上手，帮不上忙，吓得我一头冷汗。如果掉下来，砸到谁都不好。最后，那几个人把吃奶的力气都拿出来了，一使劲抬上去了。旁边那些人哈哈大笑。你看如果我们平时为人不讲义气，没有正义感，不讲信用，有事的时候，就没有人缘，没有人愿意帮，可怕不可怕？

这情形，跟我母亲去世的场面形成鲜明对比。所以，我们做人一定要讲信用，如果有事不提前告诉人家，真到办事的时

候，人家却不去了。

四、讲义气

为人得讲义气，有正义感。义气大的人，人情圆融。为啥？讲义气的人，往往不占便宜，比较豪爽，愿意吃亏。大家在一起的时候，别人愿意跟他打交道，这样的人有人缘。亲朋好友礼尚往来，没有亏失，人情好。

事做错了，容易把人情伤了，或父子，或兄弟，或朋友，人情伤了不行。琢磨琢磨，要想办法弥补，不能放任自流。如果不弥补，以后就恼了，再想和好不容易。所以事做错了，要及时沟通，打电话解释解释，承认自己的过错，赔礼道歉，把情圆了。

这问题处理不好，家里家外出乱子。我妻子一般不得罪人，像我比较耿直，因为学习、讲课等时间紧，好着急，容易伤人。

来我家学习的人很多。我有时会出口伤人，有种过于正直、实在的样子。但这样不行啊，有句话说得好：得罪人过贱年。等人走了之后，我和妻子就交流，看伤谁了，没伤谁，啥事做得不圆满。总结完后，我俩及时打电话跟人沟通。不是说推功揽过吗？哪怕不是自己的过错，把人伤了，我们也要把过先揽过来，承认错误。我们一承认过错，对面人就会寻思：人家都承认过错了，算啦，拉倒吧，结就解开了。如果解不开，就是一个疙瘩一个结，以后办啥事都有障碍，明明行，人家也会说不行。

讲义气，义气大，认过错。愚痴的人能不能认过错？古人讲，人家给你提出意见，你得给人家磕头！有的人想不明白，说这人真傻，人家挑你毛病，你还给人磕头。古人的智慧就体现在这里，有过错我就认。现在人一般都隐瞒过错，往外推，这是没有智慧。

我们说修智慧，智慧咋修？智慧都是从承认过错中生出来的。你不承认过错，心量不够大。心量大的人，做啥事都比较顺。心量小的，小心眼，想不开，总琢磨。琢磨别人不对，其实就是自己的缺点，天天增长自己的缺点，看不到智慧。

五、有智慧

有智慧的人什么样？性情柔和，身心柔软，不倔强，不硬顶碰。有的人宁折不弯。其实宁折不弯最伤人，像钢板似的没有弯儿，有弯儿就断了，是不是？

《淮南子·缪称训》中有这样的记载，老子求学于商容，商容问："人是先有牙齿，还是先有舌头？"老子回答："先有舌头，因为人出生就有舌头，牙齿则后来长出。"此时商容张开嘴巴，问："你看我的牙齿还在吗？"老子说："已经掉光。"又问："舌头呢？"老子说："还在。"商容说："你知道为何牙

齿晚生而早落吗？因为它过于刚强。而舌头之所以长存，因为它柔柔软软。”这也是老子常对弟子们说的“满齿不存，舌头犹在”的故事。

不仅牙齿如此，天下万事万物也都如此，微明柔弱胜刚强。要是性情刚强，谁都不服，一说拧八个劲儿，就是缺少智慧。

男子要想有智慧，得性情柔和，和人和众，博施济众，既同情人又爱护人。有智慧的人，一般比较沉稳。和人和众，就是和大家相处的时候特别团结，跟众人和合。还能博施济众，广博地施舍财物。精神的、物质的都不计较，施舍出去，周济大众。

我们学习伦理道德后，到社区、学校、工厂宣讲，领导一看，你讲的是利国利民的事，伦理道德人人都需要。没有钱财，可以从精神层面帮助众人。

谁家有困难需要帮忙，就主动去关心人、爱护人。仁民爱物，就是以仁慈之心爱人爱物。

试想，如果走路时，看到好看的花朵“咔”揪下来，树枝“啪”撅下来。如果人人都揪一朵花、撅一根枝，那几天这花、树不就秃噜了吗？善行中讲不损伤物件，花草树木不能践踏，任何时候都要爱人、爱物。积善之家，必有余庆，这也是忠孝贤良。

男子五漏

一、不仁爱

如果男子家里家外不仁爱，可以说他连他自己都不爱，整天面带愁容，优柔寡断，遇事当断不断，结果必遭其乱。

大家看看，是不是有好多男子，在家里整天愁眉苦脸，心里好像有好多事情想不开，感觉压抑得不行，做事犹豫不决，不知道事情该怎么办。有什么事情不对心思，就心生烦恼。之后，夫妻之间爆发战争，就会欺负妻子。这样的人性格特别强硬，在父母、哥兄弟面前一点软不服，你硬我比你还硬。

长此以往，他周围的人全都痛苦不堪，家庭分崩离析。所以我们不能活成那样。

二、无智慧

为人应当有智慧，没有智慧，伦理道德、孝悌做不好，有时净说不着调的话。遇到啥事都想占上风，不占上风就生气，斤斤计较，没完没了。涉及钱财、物品、利益的事，一点亏不

吃。吃点亏，心里就难受，回家连觉都睡不着。

过去课堂有两位同学，说咱们花五十块钱，购买点传统文化书籍等，花完就后悔了，后悔好几天，俩人就生闷气。一生气上火就长病，然后上医院治病花五百多块钱，你说这是何苦呢？

还有的人在父母跟前一毛不拔，斤斤计较，净吃家里喝家里的。哥兄弟、外人都看出来了，让人瞧不起。所以说伦理道德，无论男女老少都适用，这是通理。

三、不讲义理

没有义气的话，当别人遇到困难，他是不能挺身而出的，而且特别能分辩争理，没理辩三分，矫情，疑心大，啥都怀疑。

亲戚朋友来家串门，人家说点什么，他老琢磨啥意思。动不动就对人家上纲上线，信不着人，老怀疑人，总觉得人家有目的性。

最糟糕的是，自己把事情做错后，反复琢磨怎么嫁祸于人，把自己撇清。大家看，要是做一个这样的男子，那不就太失败了吗？上面说的这些都属于性格里阴性的东西，不属于善良的品质，都得克服掉。

四、不讲诚信

为人必须讲究诚信。过去我们办伦理课堂时，需要提前给一些学友打电话。电话里约定得好好的，可到时候却不来了，这就属于不讲信用。

不知言，无以知人。总是说一样的话，可都没有实现，一次两次别人不知道，还能总不知道吗？一品就知道了，那就是自欺、欺人。

还有讲话总是变来变去，自己不讲信用，又信不着别人。无论遇着啥事，总往外怨，从不往自己身上归错，都是别人不对。

在家庭里出现矛盾，往往都是因为钱财、家产。因为自己没有得到钱财，就说别人这不对那不对，怨老人，说老人偏向，姐姐占便宜了，弟弟合适了，就自己吃亏了。

家里要出了点什么事，或有事没办成，就开始挤兑、埋怨别人。总之，就是跟自己没关系。

还有一点，喜欢让人说他好，喜欢别人夸他，不夸他就不愿意，被夸完马上消气了。所以，很多人都看明白这点了，这人得表扬他。一表扬，心一高兴，就没事了，你看叫人看得透透的。

人到了五六十岁，就得少生气。一生气常常气得胃疼、肝疼，为啥？年轻时也生气，为啥不疼呢？我做一个比喻，就像一个气球，你打一气管子没啥事，打两气管子也不鼓，老打老

打，这气球就满气了。

就是说我们年轻时生气，胃、肝可能充不满，或还没充足，反应不大。等你年龄大了，再一充气儿它就满了，难受。就像气球充满气后，再一打就爆了，对不对？它已经充到极限了，经不起压力了，再一打肯定爆了，人生气也一样。

五、不懂礼节

不按照礼节办事，这不也是麻烦吗？我们讲五伦八德，孝、悌、忠、信、礼、义、廉、耻都涉及了。任何事物都有整体性，它们是综合发挥作用，不是单一发挥作用。

就像我们的心、肝、脾、胃、肾是不是同时工作？不是说这一个小时肝工作，那一个小时脾工作，虽然它们各有分工，但它们是同时发挥作用的。

古人讲：好高骛远，谁都瞧不起，谁都不如我。同时还自以为是，自恃心理特别强，喜欢不切实际的空想。梦想可能实现，而空想是空的，根本不可能实现。

这样的人还有一个特点：争贪，不肯安分守己。天天琢磨挣钱的事，不顾父母、儿女。家里父母已经年迈，需要他尽孝，可他为了挣钱，对父母不管不顾。我们平常百姓居家过日子，哪怕穷点，身边有儿女照顾也是幸福的。

可他为了满足自己的欲望，谁都不顾。我们经常遇到父母六七十岁了，有的甚至七八十岁了，儿女都不在家。老人谁管？这可真是老人的悲哀。

我和张老师常年在外面讲课，也算是做公益事业。父亲岁数大了，身边离不开人，由我三弟、三弟妹伺候，他俩伺候老人一辈子了。我是当兄长的，于心不忍，心里很不舒服。

后来，我跟我父亲说："我不出去讲课了，我俩得侍候您。"我父亲说："不行啊，你这课不讲不中。"

2015年，我父亲和我一起去广东的公益课堂，住了一百多天，听我讲过很多期伦理道德课程。每次讲课，他就坐后边听，知道讲课能让很多人受益。所以，他老不同意我放弃讲课。我父亲说："我这没事，你不用惦记，你俩去讲吧。你看传统文化能救好多家庭，你不能不讲。"

就这样，我父亲多次鼓励我们，我和张老师就又出去讲课了，只是辛苦了我三弟和三弟妹。

作为男子，不要自以为是、目中无人、目无法纪。如果目无法纪，会心无天理。因为他瞧不起人，总感觉自己特别了不起，所以特别容易生气。怒气一生，就会凶神恶煞、面目狰狞、横眉竖眼，家里家外人人都怕。

我过去可能就这样，缺少阳和之气，别人见了害怕。目中无人，心中没有天理，什么法律、道德等全不顾忌，杀人放火都敢干，严重者能祸乱家国，搅得世界都不安宁。非但对自己不利，还连累父母、儿女，所以必须守本分，安分守己。

做人，要守住孝悌忠信、伦理道德的底线。像我们看电影、看历史小说，有没有这样的人物？肯定有，这样的人毫无畏惧之感，就算触犯了地位高、品德高尚的人，也一点都不害怕，这不是好现象啊。

家里有一个善的男子，无论老少，是家庭之幸。如果有恶的男子，是家庭之不幸。我们实践伦理道德，这些事可能经常碰到，我们必须制止恶的、发扬善的。

第一章　寻根溯源感念九世恩德

祖先的德行

我从小受父母、爷爷、奶奶等祖辈人的影响，那时家里有代代相传的祖训，所以我从小就喜欢伦理道德。从1987年开始和家族人探讨五伦八德的内容，1990年到现在一直宣讲五伦八德，已经三十多年了。

我的曾祖父（太爷）祖籍山东，一生好善，热衷慈善道德，对子孙后代影响很大。加之日常生活中，父母、爷爷、奶奶的教育，这些伦理道德思想深深刻在我的头脑中。

我太爷曾说过："天地间立人本孝悌为先，先祖考德行培生我培元。"当时我研究这句话，觉得很有味道，这涉及我的祖先。

宗上古颛顼氏后裔血统
统中国世系考黄帝枝生
太古时人无姓以名为姓
姓邹氏先考追颛顼始宗
追邹氏本邾娄国改邹姓
姓氏寻源统系无可考明

追始祖原籍贯山东鲁省
登州府黄县居先居县城

登州府黄县居，把祖籍交代出来了。

城外迁后博兰黄县地境
考民籍玻璃社三甲人丁
汉民族考世系宗祖谱订
追先远九世考始祖肇兴

我们学习传统文化，要不忘祖先恩德，应当了解祖宗的名讳。下面是我祖先的名讳，始祖肇兴祖。

祖妣配王氏生三枝人盛
长启昌次启祯三枝启明
追二世启祯祖金高二姓
太祖生三世祖宗祖云从

二世太祖：启祯祖。三世宗祖：云从祖。

高祖妣生四世世祖考证
正宗脉世祖考名讳国荣

荣祖妣李氏配世祖妣姓
生五世永烈祖鼻祖讳名

四世世祖：国荣祖。五世鼻祖：永烈祖。

孙祖妣生六世高祖考证
名继连祖妣氏王孙吕邢
生玄祖讳文彤妣张王姓
生曾祖祖父考允璋讳名
文彤祖幼读书入场未中
读书士人品高卓越天生
资聪敏家般实操持家政
弃功名理家业振起家声
扔笔管兢兢业治家法正
有家法有模范惟读惟耕
玄祖考家治富一生有命
福寿享七旬余无病善终
曾祖考祖父一允璋忠正
开机房工业学半工半农
农业家工业理组织家政
祖母妣李栾氏助祖父营

六世高祖：继连祖。七世玄祖：文彤祖。八世曾祖：允璋祖。

祖父母生三子九祖考证
伯世忻父世悦叔父世恒

九代祖先经考证确定下来了。

“伯世忻父世悦叔父世恒”，这三股是九祖。

天伦父务庄稼忠直天性
子知父勤治家辛苦一生
生父在先后配三母坤定
一孙氏二般氏三赵母荆
生我们兄弟三姐妹两姓
一适王二归贾姐妹夫从

到此，我太爷把九世祖宗和自己及兄弟姐妹都说清楚了。

父母生儿与女父子天性
常言说咬食指哪个不疼
父老好庄稼老忠厚直性
待儿女哪有偏内有隐情

因二兄嗜好酒贪多酒病

喝醉了好骂人常耍酒疯

父忧子惦念儿日不心省

我出外想生活初下关东

兄培顺二培美执掌家政

后再表我邹家弟让产兄

这是我太爷当时的处境，后面说一下我太爷是如何让产的。

第二章　好男儿志不争祖宗遗产

太爷的故事

接下来讲我太爷的一生。

我有心多演说伦常法转
无工夫演明了大道真源

我太爷有心多讲一讲伦常道德，但没有那么多时间。

前因造伦常道父母生产
产生我在前清同治元年
在七月初五日戌刻生诞
受亲恩难补报劬劳恩沾

我太爷出生后，由父母培养教育长大，父母辛勤劳苦，很不容易。

人子受爹娘恩大大恩典

家家是人人是谁无子男
不用说在幼时爹娘怎惦
父教子学织布家机房安
幼而学工艺能正业能干
人得受辛苦劳手脚不闲

我太爷从小学会了织布，原来是手工织布，随着时代发展，后来安装机器作业。

讲到这，可能有人要问，我们为什么讲缘起？这里有个追根溯源的问题。人从哪来？传统文化从哪来？现在好多年轻人都不知道，以为自己是从石头里蹦出来的，心里没有父母，这是不对的。我们做人得有感恩心，对不对？

工业苦钱难赚起早睡晚
父母在不远游东来奉天
盛京南海城界落宁家院
由渤海十八来我二十三
初次来下关东无别营干
旧手艺会织布工力赚钱
后接见父亲病家来书柬
念亲心为父病回去归天

我太爷在家受二兄嫂之气，18岁离开山东老家，到辽宁省海城谋生。初来乍到，在老宁家落脚，一晃就是五年。五年后家里捎来书信，说太爷的父亲病重，让太爷赶紧回家。但因路途遥远，太爷没能见老父亲最后一面。

天伦父世悦亲子回家探
离乡子远归家父子未团

我听爷爷说过，太爷重情义，老人去世没赶上，他心里特别难受。

父归天有兄长草草殡殓
三股家未曾分长兄无男
二胞兄一子过长门接线
克孝侄短命亡于媳少年

老人在世时虽不愿在一起过，但没人主张分家，老人去世正好分家。那时我们祖产在山东，房产、地产很多。我大祖父，讳名邹培顺，没有子嗣，我二祖父邹培美有子嗣，讳名邹克孝，这个爷爷早年夭折，孀居一个奶奶姓于。

想当初我邹家三股家产

全然归二兄长独占田园

兄好酒脾气傲酒能性滥

不用说耍酒疯骂嚷不堪

我二祖父喝醉了骂人耍酒疯。所以，我们要克服脾气秉性，去除不良嗜好。喝酒没问题，耍酒疯就不对了。

现在有好多家庭，因为丈夫喝酒、耍酒疯，导致夫妻打架，甚至离婚的。大家说可怕不可怕？所以这方面我们不能不考虑，不然家庭不和睦。像吃喝嫖赌这些不良嗜好，哪一样都能使家庭破裂。

想我们兄弟分小小家产

分给我祖遗产瓦房两间

当今社会，很多兄弟姐妹，因为财产分割问题对簿公堂。尤其过年、过节，大家聚在一起，常常因谈论财产闹出纠纷，使家庭失和。

大家看我太爷怎么做的？

好男儿志不争祖宗遗产

我也暗下决心，以后绝不争财产，不管多少。你看传统文

化就有这种作用，从小印入头脑，不争贪家产。

门前有地方分粪厂柴栏
我那时未定亲与我物件
兄长给驴一头石磨一盘

我二祖父分给我太爷粪厂柴禾栏子，两间破瓦房。大祖父给一头驴、一盘磨。你说这能生活吗？为啥不能生活，没给地。一头驴如何耕地，起码得有两匹马或一头牛，对不对？任何生产资料都没有，分完家我太爷另起灶，可能锅碗瓢盆都没有。

这些物全不要让兄弟愿
愿学古让产学高名孝廉

我太爷立志不争祖宗遗产，他怎么做的呢？把家里的财产全让给兄长，学古人高名孝廉。“高名”指好名声、好名誉。现在好多人把耻德丢了，不知道什么是荣耻，一般也没人说耻德。

我太爷立的这个志很高尚。当时我看家书时才十几岁，都是繁体字，看不太懂，但我特别喜欢。每到年三十的时候，我爹就把我爷爷奶奶请来，炕上放一张桌子，桌上摆好小油灯。把家书（极为可惜的是，后来被我父母迫不得已烧掉了）放好，他开始喧（唱）读家书，家书记载的是我们的家风故事。我们都没资格坐桌子跟前，只能坐在旁边听。

我父亲喧读，一喧两个小时左右，我们当时都很愿意听。调子是这样的：当一家^老太太^得会享福——，东不管^西不管^太太平服——，多说话^多讨嫌^多是非出——。就这个调子，挺有意思的。我父亲喧讲，我们听，尤其听到孝敬父母那部分，有时听得掉眼泪。这就是告诉我们千万不要忘了祖先的教育，更重要的是不忘祖先的德行。

我太爷立志学古人，立孝廉，做到了让产，一点财产都不要，又回到辽宁。

二次回海城来旧营业干
织布赚机房开多少来钱
钱积蓄人看我真诚正干
有人敢亲近我我才家安

我太爷很能干，忠诚正直，把钱攒起来不乱花。当地人看我太爷人挺好，才有人敢接近，和我太爷相处，这样才有了机缘和我太奶结合。我太奶姓任，讳名邹任氏，他们在辽宁省海城市台安县黄沙坨镇安家。

安家娶任氏妻夫妇配奠
二十九二十三男女婚完

结婚时，我太爷29岁，我太奶23岁。

好夫妻白头老儿女情恋
恋凡情莫多讲少息再言
言过去再生时实行事件
半为工半为商我邹贯三

我太爷半工半商，在外边的名号是邹贯三。那时有一个新行业，我太爷挺喜欢，就开始经商。

算光绪我作商在廿五年
新顺成杂货铺买卖开办
廿六年胡匪起扰害不安

“新顺成”是买卖的名号。光绪二十五年，胡匪横行，年月荒乱，开不下去了。买卖黄了。怎么办？

买卖黄债累积无法还欠
出床子和吉祥旧债累还

没办法还债怎么办？想办法。大商铺不干了，改出小床子。

同伙做小买卖生意利见
前债了作经济装运载船

生意还算可以。债还完了，后来做经济方面的事，转运商船。

经济房二十里铺在河沿
经济房当掌柜转运商钱
我因与福兴长代借钱管
合给我廿里堡一只货船

在辽宁那边，转运货物有商钱，我太爷管这个事情。在辽宁省黄沙坨有借贷，对方合给廿里堡一只货船。

船自走三四年卖了不干
回家开经济房混了几年

为什么不干了呢？

一因为儿女大家能经管
二为我身有病痔疮不痊

那时我太爷有痔疮。五个儿子和一个女儿都长大了，我太爷就回家了。

论一生事难表大概几件
人有家就有累心难去贪

之前谈到“贪”的问题，有家有业，很难克制贪心。古人讲，命中不占不要贪求。命，就是现实，现实环境。没有环境赚不来钱，具备环境才能赚着钱，所以不能强求。

虽有心修道去难出家院
想我们夫与妇受过艰难
想当日日小过无有财产
儿女多在小时维谁赚钱
父母贫得养护儿女吃饭
受过苦我夫妻苦尽来甜

当时我太爷有出家的想法，但出不去，为什么？娶妻生子发源了，当时还有老人，我太爷的叔父，我的高祖父。高祖母去世后，我太爷把我的高祖父从山东接到辽宁。上有老、下有小、中有妻子，离开家不现实。

过困苦家难度织布纺线
儿女小养成人佣工几年

当时生活相当困难，儿女年龄大点，出去给人打工，家里才慢慢好起来。我太奶为了过家，织布纺线，日子很艰难。

不必表当年苦过去困难
回思想如一梦五六十年

五六十年光景多数由我太奶陪伴，这是我太奶的功德所在。

夫妻恩非一世百世缘满
满盘的儿与女哪个侍前
常言说亲病长谁孝不倦
三四年痔疮病妻奉夫安

病长无孝子。我太爷有病，三四年都是我太奶伺候。夫妻之间，儿女代替不了。我太奶贤良，助夫成德。

今天来必表明妻功德眷
良夫主明白人事事了然

作为丈夫，我太爷一生是个明白人。

也不是儿女们无有孝念
因过家个个得勤作不闲

父母有病，儿女不能上前伺候吗？能啊，但儿女都有家，家里老老少少各有分工，手脚不闲。

父亲病不能叫子常奉膳
赖尔母侍候父病死归仙

不能让儿女天天给送饭，这三四年都是我太奶伺候。病死归仙，这就是古人讲的“驾鹤西去”的意思。

子为父治痔疮花钱无验
吃与喝不曾缺花钱若干
人老少不用怕死劫难免
活百岁终须死受命在天

我的爷爷奶奶们都非常孝顺，花了若干钱，最终没治好太爷的病。你看这里，既说了我太奶怎么对待我太爷，又谈到了儿子怎么对待父亲。

接下来谈谈孝念。

我也曾为老人不死孝念
不得已下关东离乡儿男

没办法。

想父母想儿时合我痛感
父母前未奉养抱恨终天
天不绝我邹家后代苗线
三枝有我这枝接祖香烟
弟不忌兄嫂仇不念旧怨
怨恨心化孝友悌爱心田
我回家带去子过继兄愿

带的五子是我老爷。

愿后悔二胞兄听外人言
又不过恐侄分伯父家产
无奈何带此子回家台安

我家住在台安，老家山东。我太爷想过继子孙给二太爷，

但二太爷不同意，二太爷总听外人说我太爷过子嗣是为了觊觎他的财产。

五儿回儿母乐母子未远

为兄嗣三两次带去克谦

我太爷想老儿子你不喜欢，那我把三儿子领去，三儿子领去还不干，为啥不干？

克权回克谦去侄媳不愿

过侄子侄媳怕分她家园

孀居的奶奶于氏又不干了，认为过继后就是她家的子嗣了，怕分她财产。

无奈何未过成长二门线

同胞义手足情心总未甘

甘心要为兄长过继后线

不愿断祖香烟宗枝百年

兄长没有子嗣，首先是延续香火的问题，其次，老人岁数大了谁伺候？所以我太爷甘心把我的爷爷们过继过去，将来好给自己的兄长养老送终。但是百般劝说也不好使，三番两次没过继成。

这宗事未办成心未了愿
愿吾儿父作之子述之贤

当父亲的做到了忠厚贤良，当儿子的也要做到，由儿子们来实现父亲这个愿望。

儿几时能办到替父了愿
为祖宗存大义孝报本源
在儿们承宗祧子孙接线
立后嗣不立产不要家园
儿们恁子侄道各尽孝念
明大义如父在遵亲遗言

恁：你们。子侄：儿子、侄子。各尽孝念：听父亲的话，一定要做到遵亲遗言，尽好孝道。

把子孙过继给叔叔大爷，其实不是为顶支，而是为给老人养老送终。如果家家都能把子孙过继给没有子嗣的叔叔、大爷，是不是就把养老问题解决了？也就不需要那么多敬老院了，能为国家减轻很多压力。

能不能做到呢？

天伦父为人子做榜样看
看过去养叔老奉养归山

我的爷爷们能做到，为啥？因为我太爷在前面做好了示范。我太爷奉养叔父，讳名邹世恒，我的高祖父。

因叔父世恒疮我医书看

我太爷一个字都不认识。后来我和我父亲讨论，我太爷没念过私塾，不识字，怎么会看医书呢？我们分析，可能是我二爷、我爷爷和我老爷念私塾，我太爷跟着学的。为了给我高祖父治病，学会了看医书。

看外科妇女科治病结缘
叔达背疮未好养老殡殓
替我父行悌道孝悌两全

父亲的兄弟，当侄子的应该为他养老送终，这是侄子应做的。替父亲尽悌道，孝悌都做到了。

为人道得舍己从人为善

善痔疮不要钱方便多端

什么是善？人家有困难，有问题了，我们不能舍己为人，那不叫善。

虽然没治好我高祖的病，但我太爷学会看病了，尤其擅长外科和妇科。

医书我见过，不是真正看病的医书，就是一些药方子，黄纸线装书，现在没有了。我太爷给人家看病分文不取，施方舍药，直到终老。

本来是施药方行小方便

疮治好不忘好病治有缘

临近来求我去妇女病看

有求应施方药胜如要钱

为啥不要钱？不要钱胜过要钱，大家方便，自己也方便，这就是善。

人说好方算好施方方便

便是我生前功死后明然

大家不说你好不算好，人好或不好是大家说的。大家都说你好，你肯定好；大家都说你坏，你肯定坏。为啥？因为你没好，大家才说你坏；你要好，大家都说你好。

人不舍自己好人好难见

作为一个人，不把自己的好处舍给别人，你的好处大家根本看不到。所以说，得把自己的好处舍出去。

众亲戚老乡友大家请看
我家书所载记真假实言

亲戚朋友们，你们看一看我太爷说的这些话，是不是有道理？

第三章　长克勤于家道有功儿郎

大爷的故事

学传统文化时，我就想：如果天下人都能听父母的话，天下就太平了。听父母的话太难了。我太爷、太奶在世时，教训长子，长子在家里不一般，从古到今都是。当时我大祖父（大爷）有点吝啬，不明理，这“理”也是礼节的“礼”。

如果不懂理，肯定不能按礼节办事。古人讲，周旋中规，绝对达不到。“中规”啥意思？中：中道。规：圆规，规范。道德规范达不到，静安虑得达不到。达到道德规范，中和才能出来。中和出来，就是中庸。

后来，我大爷的态度发生了360度转变。中华人民共和国成立前，家里算得上富有。兄弟几人一起搞慈善会、道德会，我二爷是商务会会长，家里有土地、房子，还有买卖。我大爷有一件羊皮袄，一天他的一个朋友说：“大哥，你这皮袄真好啊！”我大爷问：“好吗？”“好啊！”他朋友说。我大爷马上把皮袄脱下来，送给他朋友了。不要都不行，必须穿上。这是不是豪爽义气？你要真心给，对方就真心要。你要不真心，虚情假意让一让，谁能要？人的心灵都是感通的，有感应的，感应道交。

最后他朋友把皮袄穿上了。咱不知道那时一件皮袄多少钱？但能穿得起的没几家，得是富有一些的、有点地位的人家。

当时我岁数小，听老人说：我们家在兰西县有二百垧地，十五亩为一垧。在生产队时，二百多户人家，才一百七十多垧地。后来，我们家把兰西县的地舍善了，不要了，普通农民都可以耕种。因为肇东县离兰西县远，虽然买了地，但没人经管。这事儿，我二奶（二房）在世时跟我唠嗑也说过："咱办慈善会，你二爷是会长，置办的地就不要了，舍了。"

我四伯父，是我四爷的第二个儿子，讳名邹德绅。老人家身体挺好，现在还能骑自行车，老人家常讲我大爷的事。还有我老爷家的几位姑姑，在世时都给我们讲过我大爷的事。我大爷喜欢舍，舍得姑姑们都不愿意。舍到什么程度？他们说："过年的时候家里都没啥吃的了。"其实，说这话我都不相信，当时家里做买卖，还有土地，过年能没啥吃的吗？

他们说："你不知道，你大爷可狠了，把钱都舍到道德会、道德讲堂和慈善会了。"我四伯父经常说，那时在肇东县办道德会、慈善会，一般课堂上都有几十人，街坊邻居不太远的都愿意去学习。在辽宁也办过道德会（人少一些）。

办道德讲堂时，是在中华人民共和国成立前，三百人吃住。这批走了，那批来，一批批的学员常年吃住，你说得吃多少。东北冷，冬天烧煤、植物秸秆或木头啥的，得烧多少。油盐酱醋等，不都得花钱吗？虽说挣了点钱，但最后都舍出去了，所

以我这几个姑姑可抱屈了。

我这几个姑姑打小就由我大祖父管，管得可严了。我四伯父说："你大爷，当家当得公道，当得好！"我爹也总赞叹，一提我大爷就竖大拇指，说你大爷当家当得可好了。怎么个好？怎么个公？这个"公"，原来我理解不透，后来理解多少年，才知道，你想想咋样为公？

2015年，我和妻子去浙江讲课，到"江南第一家"郑家参观。郑家为官子孙各个清正廉洁，家族有九百多年历史。明太祖朱元璋去过他家，赐了匾额，当时赐的是"天下第一家"。后来文武百官说："皇帝，您是天下第一，他们哪能是天下第一？"皇帝一听挺有道理，后来就改成"江南第一家"。当时，郑家第26代子孙郑定根陪着我们，我还在那买了几本《郑家规范》。书中郑家世代学习五伦八德道德规范，尽忠尽孝，做到了"公"。

书中有个故事，皇帝问郑濂："你家治得这么好，怎么做到的？"他说："做到公道。"怎么能做到公道？皇帝赐给他两个水梨，看他怎么处理。

要是赐给我，我就先吃一个，另外一个拿回去给家人尝尝得了。人家自己没吃，回家把当时家里的3500人召集起来，准备一些大缸装三四千碗水。把两个梨捣成汁，均匀地搅拌在大缸里，对大家说："梨水是皇帝所赐，皇恩浩荡，谢主隆恩。无论男女老少，每人一碗梨水。"你可能会问，刚出生的小孩能喝吗？喝一口也算，反正都喝着了。

一般人可能做不到，老老少少都召集来，还有比他岁数大的，多费事，多折腾人。就两个梨，想那么周全，你看人家这事做得多好。

那么，讲讲我大爷是怎么做到“公”的？当时只有我们这一股在辽宁，其余四股在肇东县，整个三道街南、北头都是我们家的，买卖做到天津、上海。公则悦，心悦诚服。做不出来，肯定没人服。

我大爷当家，家里人多，老老少少的不在一起住，买瓜得分着吃，这股那股的得平均分配。瓜有好有次，有大有小，分的时候，我大爷亲自把好的、大的给二兄弟和老兄弟送过去。不好的、个头小的，自己留下，至此我才明白什么是“公”。真正的公是这么实现的，平均分配不算公。我大爷就做到这点了，吃喝穿戴都是这样。一提起我大爷，我父亲总会赞叹一番：老人家当家当得好。

中华人民共和国成立后，我大爷当时六十多岁，一有时间就去肇东街里看看，老亲少友都在那。后来，大爷搬到了城伦乡。每次上街里，街坊邻居就说：“大爷，给我捎一桄线，给我捎双鞋，帮我买一条肥皂……”求他买东西的人可多了。我大爷没上过学，会写的字不多。他拿出孩子的本子，用铅笔记上：张家一块钱，李家五毛钱，一包一包揣兜里。

其实，我大爷每次上街之前，都告诉街坊邻居，寻思谁缺

啥就给捎回来，不用人家再来回跑了。走到街里就得两个半小时左右，回来时，脖子上挂的、腰上缠的，背包摞伞的，都是东西。我大爷怀有仁爱之心，处处替别人着想。

在路上，能碰到生产队来回走的车，赶车的说：“邹大爷，您老人家上车吧，拉着您。”我大爷不坐。有时遇到自己生产队的人，赶着空车，停下来让我大爷上车。我大爷身上起码得有二十来斤的东西，即便这样，他老人家也不上车。有的赶车的急眼了，就问：“大爷，您这么大岁数，上车能怎么的？怕啥呢？”老人家也不说啥，就是不上车。被逼问得实在没招了，我大爷才说：“马不欠我的！”

我工作时，单位的车我一次没因私事用过。虽然我管车，但我没有权利坐车。跟这道理不一样吗？马是生产队的，赶车的人是生产队的。

中华人民共和国成立前，肇东有个骑高头大马的人，背着大钱褡子去茅房。上完茅房骑马就走了，把钱褡子落下了。正巧，我大爷捡到了，一寻思肯定是骑大马那人的，就在那守着。当时天很冷，天快黑时骑大马的人回来了。下马去茅房一看没有，就出来了，在外面左顾右盼。明眼人一看，钱褡子肯定是他丢的。我大爷上前施礼，问明情况，然后从旁边拿出钱褡子，一问钱数都能对上，就给人家了。

我大爷的故事很多，咱们以点带面讲几个。大爷也是我四个爷爷学习的榜样。我大爷勤俭持家，岁数大时，牙都咬不动了，还把烙糊的大饼子一块一块掰碎，放在碗里，泡点米汤或菜汤吃。不糊的，大家都爱吃，糊的也不能让儿子、儿媳、孙子、孙女儿们吃。

他老人家一吃，儿子、儿媳妇一看：爹牙齿不好咋还吃糊的呢。孙子、孙女一看，爷爷这么大年岁，吃糊的可不行，都说：“爷爷，你别吃了，我们吃吧。”结果大家争抢着吃，糊的都不够吃，问题解决了。

如果老人直接让晚辈吃，晚辈肯定不愿意。老人以身作则，晚辈争着抢着吃。这里是不是有道？是不是得有招？是不是智慧？

我大爷在我们家族德高望重。家族里，仅仅是我的父辈，叔叔、姑姑，共五股，三十多口人，一提起我大爷，大家都赞不绝口。

再讲一个关于我大爷的故事。每到秋天，外面的地里，自家的园子里，都有落下的豆角，基本上都是大家不要的。这时他老人家就去找一找，把落下的豆角、黄豆、玉米等都摘回来，把种子搓下来，用小袋或布分装好，或者用罐装起来。等到来年春天，看谁家没有种子，张家一包，李家一包，老王一包……都分给大家。

老人家心里想的都是别人，这是不是为人民服务？村里好多人家借光，特别是豆角籽。大家都吃豆角，互相串换种，但有的人家没有，他老人家都给准备好。

我爷爷也是，我们家倭瓜最多，一般八月十五收倭瓜，能一直吃到元旦。每年光存起来的倭瓜籽就一百多斤，用五十斤的面袋至少装两袋以上。你说得吃多少倭瓜？那么多籽，我爷爷挨家送。这是什么境界？老人家就是这么做的，邻里间特别和睦。

还有一年夏天，我的两位姑姑来看望老父亲，也就是我大爷。买了一条一斤多重的黄花鱼，在当时很不错了。那时钱挣得少，都很困难。一年到头都不容易见着鱼，更别说是稀奇的海鱼了。

快到中午时，我六婶把黄花鱼炖上了。快炖好时，邻居家突然来客人了。我大爷知道后，和六婶说："海文啊，这鱼是不是炖熟了？邻居家来客人了，中午也没啥吃的，你给邻居家送去吧。"

我六婶这一听，迟疑了一下，不太想送过去。进屋里和我大爷说："爹呀，您看这鱼是孩子孝敬您老的，只有一条，您和我妈留着吃吧。"

这时我大爷说："海文啊，你听公爹的话，公爹这么做呀，都是为你们好啊。"

我六婶没办法，只好把鱼给送过去。大家看看邻里关系是不是和亲戚一样？一视同仁，不分远近。

我太爷说："人不舍自己好人好难见，人说好方算好施方方便。"邻居都赞叹："邹老爷子真慈善啊！"

有一年我去六婶家拜年，我六婶说你大爷啥都舍，心里想的都是别人。我四爷、四奶也是，有点好东西，就往大爷这边送。大爷也给他们送，兄弟间互相惦记。过去，好多老人都这样。你看老人的做派，为啥和气？因为都这样。

我们学习传统文化，知道行五伦孝悌为先。我二爷去世早，他的两位遗孀郭氏和李氏没地方去，怎么办？我大爷、大奶收留了我这两个奶奶，也就是两个弟妹。我六叔、六婶伺候我两个奶奶，是尽了侄子之孝道。

这事情说着简单，但大伯哥、大伯嫂，两个兄弟媳妇，天天在一个屋檐下生活，这么和谐真不容易。**平凡的人把孝悌做到了，就不平凡了。**

郭氏二奶瘦，李氏二奶胖，我和爷爷去大爷家时，经常看到爷爷、奶奶们在一起唠嗑，特别和谐。如今一回想真不容易做到，就这样一直伺候到两个二奶去世。我这些爷爷们、奶奶们，你不服不行，按古人的话来讲，这是真德呀！这都是我亲眼所见。

第四章　讲真理为商界开道德方

二爷的故事

我二爷讳名邹克俭，一直经商。我大爷原是庄稼人，后来随我二爷做买卖，再后来又当农民。

训克勤诲克俭遵父教养
克俭儿十几岁在外雇杨
因家寒儿与杨半年猪放
叫回家教念书儿上学堂
念几年书读学发愤不旷
儿十四父母与儿配鸳鸯
十五岁学买卖黄沙坨上
系同乡买卖开住天德长

因家境贫寒，我二爷不到14岁就给人家放猪，半年后把他叫回家上学堂念书。二爷14岁时，娶了17岁的郭氏二奶。15岁去黄沙坨学做买卖，住在天德长（店铺名）。

学商业三年后劳金拨账
多少的能赚钱养膳家邦
二十八天德长得小份掌
掌柜的提拔咱儿务为商

二爷念了几年圣贤书，接着学习经商。三年后，多少能赚些钱养家。28岁时，经掌柜提拔，给人家管事。

自中东铁路线立甜草岗
满沟站俄人开招聚客商

当时正赶上俄罗斯人在甜草岗，也叫满沟站（肇东县）招聚客商。

儿柜由黄沙坨迁北站上
多少年买卖作本大利长

我二爷老家在辽宁，又有熟人，所以从辽宁台安县黄沙坨迁到黑龙江肇东县做买卖。

长处好同柜伙和气上下
上掌柜下小份同事一帮

如同居柜伙友买卖兴旺
商家如一家人和气致祥

我二爷特别和气，买卖做得好。古人说：经商几十年，能经久不衰，才是真正的商人。如果做几年就倒了，就是有问题。

自民国商战开商务提倡
倡办好商务会联合商行
儿帮同商务会满沟初创
创商会举代表人品端芳

我二爷他们这伙人正赶上民国期间创办商会，商会需要推举德高望重、人品端方的代表。

儿也曾商公选正副会长
为商家谋兴业得费思量

我二爷干得特别好，特别用心。但是除处理商务、会务之事，还得应酬，非常劳累。长此以往，我二爷病倒了，于是我太爷就不让我二爷干了。

我太爷说：

父因儿身虚弱教辞会长

父爱儿重性命不爱财商

父亲不爱你经商赚钱，还是你的生命最重要。

商务会责任担身受病恙

在乙丑病回家佛保安康

病倒后，经过调理恢复了健康。

这是儿一生历幼而至壮

因无后在此地继娶二房

我郭氏二奶，接续不上香火（无儿），我二爷又娶了李氏二奶，叫继娶二房。

知子者莫若父父不夸讲

讲真理为商界开道德方

我二爷像开药方似的给商人开个道德方剂，经商的人如果明白肯定发达。

我二爷就是个成功的例子。之前讲的“八风”里有名利，

古人讲酒色财气，对不对？这都涉及争贪问题。争名夺利是不是用心去争？是不是得治心？治心是不是心里时刻想着道德、慈善？所以道德仁义，对任何行业都一样重要。

我太爷在经商方面教导我二爷：

争名利心去争道德善想
好财色心要好仁义能良

好财色，人都会想发财，想声色的事。仁义能良，良能。之前说过性命双修，其实就是知能双修。知：良知，是古人说的性。良能：是古人说的命。良知不能泯灭。

良能知学子贡商界圣上
财有用求有道无论哪行

子贡是孔子的学生，名端木赐。子贡特别善良，道德学得其实挺好的，在孔子看来好像差一点，按古人说属于贤人。道德品质已经很好了，但比圣人差一点。

子贡为人正直，追求仁德。在《论语》中能看出来，子贡常怀悲天悯人之志，救人救世之愿。孔子的学生，都能做到舍己成仁。他们都反对做买卖，认为这会因小失大，以情悖理、以私废公。

没有大爱的精神，做买卖肯定缺少阳和气，性多偏执。我接触做买卖的人不少，有个上海的亲戚，整天愁眉苦脸，见人好像生气似的。这成天拉个脸给谁看呢？衣服能卖出去吗？后来改了，生意也变好了。

没有阳和气，性格偏执，倔强，我见太深，自以为是，出口伤人。习以为常后，性格越来越暴躁，做买卖到处伤人，这就不是仁德之人。

孔子讲：人者，仁也，亲亲为大；义者，宜也，尊贤为大。公正不但包含义，甚至包括仁（在某种意义上，偶尔一提）。讲求五伦八德，做仁义的事，才能实现公。我们做买卖是不是要公平交易？不然大家口服心不服，那就不叫心悦诚服，所以还得讲义。

行行中全能行良心不丧

学经济做买卖交易公商

孔子去世后，别人守孝三年，子贡守孝六年，对老师特别忠诚。孔夫子周游列国的花销，子贡供给不少。孔子说，子贡对行情之类的事情了如指掌。

做生意要考虑到道德和慈善，要讲义，好善勿恶。这样的人富有责任心，有谋善断，有智慧，应对能力强，不然做不了大买卖。这样的人，万事万物都具备。古人讲，宇宙内的事都

是我性内（即分内，本分之内）的事，眼光特别长远，你看，这不就是义吗？

事无巨细，条理精详，片言折狱，子路就能做到这些。我太爷告诉我二爷，你干哪行都可以，行行出状元，但要记住一点：绝对不能丧良心。要做到公平友善。**做到道德才能文明。**

“慈善、道德、仁义”就是我太爷教导我二爷的核心。我们家有从事各行各业的人，都本着这个去做，绝对守规守法，公平交易。这是我们做人的底线。

第五章　在家外安分守随地圆方

爷爷的故事

我爷爷邹克谦，排行老三，如我太爷所说：

上有兄下有弟子在中央
正好行兄弟道中做榜样
兄爱弟弟敬兄手足联芳

上有兄下有弟，我爷爷在中央，要恭顺兄长，友爱弟弟，做好榜样。

儿也曾念几天圣贤书讲
务本分学磨面工业磨房

我爷爷是个工人，务自己的本分，学习磨面。

自本利少买卖赚钱家养

我大爷没念过书，我四爷给人家放猪或抗活。我二爷和我爷爷念了点书，但念的时间不长。

我爷爷回家来自己磨面，磨完自己卖，家里家外非常守本分。

儿知道人有命心不求强

虽然那时家里比较贫困，但我爷爷不硬求。古人讲：命里无时莫强求。我们学习传统文化，都知道强求不来。没有这样的环境，就守住本分。

1900年前后，有宣讲堂，后来有道德会。

父在时儿同父咱们爷俩
好善道道德会常去讲堂
因此来儿明白道德宣讲

我太爷和我爷爷特别喜欢善道，经常去道德宣讲堂学习。我爷爷会讲五伦八德，后来黄沙坨有道德会，我爷爷担任过会长、副会长，一直到1949年都行道做德。

我家长辈多数都在慈善会和道德会待过，那时书很少，都去听老慈善家、道德家讲伦理道德。听得多，都学得挺好。我爷爷不但学得好，还经常走家串户劝善。

从我六七岁记事起，爷爷、奶奶们就讲伦理道德。那时我们还在辽宁，后来搬到黑龙江尚家镇。一次我大爷来看我爷，他坐在我爷那屋的南炕上，我母亲坐在北炕上。大爷给我母亲讲道德，话语不多。我大爷讲做人得会行孝悌，并赞叹我母亲很孝顺，这对我启发很大。

我太爷病重时，我爷爷和我四爷外出求财。那是1926年，东北人烟稀少，遍地是狼。老人说，刚搬到黑龙江时，野外的狼成群结队的。大雪天，我两位爷爷赶马车拉着一车货物，从辽宁到黑龙江，半路遇上胡子抢货物。那时走车或走夜路，身上一般都有点家伙事儿，就怕碰着坏人或野兽。

胡子抢货物，我爷爷和我四爷不给，胡子就开了枪。我爷爷用刨斧一挡，子弹打飞了。两人把胡子支吧倒了，一顿拳打脚踢，胡子起不来了，我爷爷和我四爷赶马车就跑了。

我太爷说，不要为了给老人治病去冒险求财。父母有病时，当儿女的最好不要离开，有多少钱也不能去挣。之前讲慎终追远，父母临终前，特别是临终时，需要儿女在跟前守护。一定要陪伴父母，让老人咽下那口不好咽的气。

我太爷告诉我爷爷，首先要助办道场，有能力时，要常办课堂，向我二爷学习。我二爷在黑龙江办慈善会，那时我爷不在黑龙江，但也要办道德课堂。听父亲的话好好做，当父亲的有后望。

克谦起遵命行奉孝慈娘

1926年，我太爷去世。1942年，我太奶去世，老人家生前一直由我爷爷、奶奶侍奉，我爷爷很孝顺。那时书信往来慢，我二爷给我爷留话说，一旦母亲有不测，马上来信。

我太奶是突然去世的，当时我爷爷没有钱，都指着我二爷经商往家里捎钱。给我二爷写了书信，但辽宁到黑龙江，快则四五天，慢时一周都到不了。那时亲戚朋友一大帮，我爷爷主张素食，发送我太奶本不想大操大办。但老亲少友不干，非让我爷操办操办。我爷爷没跟其他兄弟说发送老人没有钱，让他们赶快邮点，而是悄悄卖了两垧地（30亩）。我爷爷从来没向别人说过老人去世的事情，我另外几个爷爷也都不知道卖地这事。后来知道后都非常自责。哥兄弟团结就在这，没有一个人埋怨，从不往外怨。

我太爷告诉我爷爷，一要助办课堂，二要常办课堂。这是接续老人的志向、孝志。还要跟兄弟们在一起办。我二爷在黑龙江，没有办法在一起办，我爷爷在辽宁就自己办。肇东的几个爷爷都回辽宁支招，告诉我爷爷怎么办，最后办得挺好。

现在，除了我二爷，其他哥四个，加我姑奶，五个人的照片我还有。快70年了，老照片还在家放着呢。

在家外安分守随地圆方

不知道人不能心去妄想

想发财想生色妄想遭殃

你看会讲道德的人，家里家外，安分守己，随方就圆，不强争硬夺。

有智慧的人，比较清静、活泼、灵活，能随方就圆。学习伦理道德，得控制习气秉性，这样就能生出智慧，进而淡泊明志、宁静致远。

如果一个人能心平气和，身心柔软，智慧慢慢就出来了。有了智慧不伤人，还能做到恬淡风趣，有巧思妙想，文艺家多数如此。

如果一个人不能随方就圆，从性格来看，首先，愚鲁。其次，好生闷气。最后，遇事好退缩。做事愚拙，特别自卑，缺少独立做事的能力，容易失败，受欺负。机会来了，可能把握不住，错失良机。说话办事，不仅达不到要求，还没有底气。

我们讲孝道时说，不会待人接物，不会为人处世，不会随方就圆，就不能按礼节办事，而且尽说混话，蛮横不讲理，这些都得练习。我太爷告诉我爷爷，要随方就圆，家里家外安分守己。

“不知道人不能心去妄想。”如果知道伦理道德，明白这些道理，就不会妄想。“想发财想声色妄想遭殃。”什么时候能发财？整点彩票或股票，结果全赔了。天天妄想，最后就会遭殃，因为没有实际行动。

心不贪身自安性有乐敞

贪心要制止，妄心要去掉。我们在广东讲课时，遇到打吗啡的人，我们帮他戒除。经过一两周，有的三周，不良嗜好去掉了。身子一需要，心就寻思，想办法把它弄到手，不然受不了，这就是贪心。心一贪身不安，需要的东西整不到手就生气。

比如要钱，回家让妻子把钱都拿出来。他拿去赌，不给拿就吵架。不让喝酒，就干仗。还有打吗啡的，把家都打散了。最后，媳妇不要了，孩子不要了，倾家荡产，甚至家破人亡。

心不争贪，身子就安宁。如果不需要这些，自然不生气，不发脾气，不恨怨，这是不是一种欢乐？性乐，心里欢乐，能好好过日子。

能知足一生福自破名缰

《道德经》讲：知足之足，常足矣。名、利、得、失，这些东西都是束缚我们的缰绳。能做到知足常乐，自然而然就把缰绳解开，收获欢乐。

知足常乐，长乐无忧，乐于助人，合作共赢，不计得失。

我爷爷一生不跟命争，不强求。我父亲那一代，我们这一代，都是这么做的。

父爱儿非是我爱儿偏向
克谦能体父志遂我意量
当父者疼儿女哪个偏向
能顺从老人心是好儿郎

这几句口口相传的话，是我的座右铭，我很受益。有正知正见的父母，没有偏、没有向，能体现父母志向的才是好儿郎。

好多师长学友分享时说："我父母偏向我哥，偏向我弟，就不向着我。"我常常解劝，说："你错了，父母非常疼爱你，只是你不知道。"他问："老师，怎么理解？"我说："父母支使你干活，你去不去做？"他说："有时候不愿意去做。"当你不愿意去做时父母什么心思？父母经常支使老大，让老大去干，老大就去干。你不干，你是不是不顺老人的心？

父母让你大姐去干活，她马上去干，甚至父母不支使你大姐，她都主动干。父母好像是向着你大姐，其实是你大姐顺从父母的心，能体现父母的志向。你不听话，父母能不批评你吗？是父母不爱你、不关心你吗？这不理解错了吗？全都把老人的心理解偏了，根本不是那么回事。

我大爷、二爷和我爷爷都很听话。我太爷愿意讲慈善道德，我爷爷跟着我太爷学习，也好道，愿意讲慈善道德。我爷爷一直讲到77岁病终。之前，家里来亲戚朋友，他老人家会讲关云长义薄云天，刘备忠于汉室，你看这不是讲忠义吗？其中的深意，我后来才体会到。

我小时候，爷爷常常讲《西游记》，当时不明白这些故事啥意思，后来明白：猪八戒讲的是我，孙悟空讲的也是我，沙僧讲的还是我，他们身上的习性我都具备。唐僧取经守规守法；孙悟空有智慧；猪八戒贪吃，比较愚，缺少智慧；沙僧经常和稀泥，来回调解，起调和作用。这些故事也是让我们把好的学会，不好的去掉。

我父母喜欢讲《二十四孝》的故事，我说我从小就被“洗脑”了（开玩笑）。如果父母不讲孝道，我可能尽不了孝道。父母教育儿女要多讲孝悌，让孩子刻在脑袋里，有好处。长大后，我一吃好饭，一穿好衣服，就想父母没吃我不能吃，父母没穿我不能穿，咋来的？从小的教育灌输的。

我太爷说上道德会，我爷爷就上道德会。我太爷说磨面，我爷爷就磨面。我爷爷不求强，不与命争，我太爷说咋地就咋地。我大爷、我二爷也都这样，老人说不对就不对，老人说对就对，他们都能顺从老人心。

父眼前儿克俭克谦顺上

上不达父亲意接续善香

上：父母高堂。在父母眼中，二儿子和三儿子特别顺老人的心意，但还没有达到父母的要求。要求什么？接续善香，继承父母的志向，做慈善道德事业。

遵父命上师坛助办道场

现在你还不能独立办课堂，但要助办。后来我爷爷不但助办，还当上了道德会会长。

一尽孝二诚信孝信头行

孝信第一。父母在前面做慈善、做道德，儿女如果按父母做的去做就是忠孝贤良。忠孝贤良是家道核心、齐家之本，修身齐家的根本在这里。按父母说的做，就是孝顺。父母说的话你能落实，就是有信用。

第六章　志存高远好男儿当自强

我自己的故事

一、人小志不小

我10岁才开始念书，一年级没念着多少，六年级只念了半年，共念了五年半不到。最初我念得不太好，数学不会算，语文答不上。四年级下半年我才开窍，数学会算了，生字能记住了，但总体来说也快成文盲了。

在那之前，因为家庭贫困，每天放学，春天秋天拾柴，夏天打猪菜、喂猪、喂鸡、喂鸭，冬天拾粪。

1. 9岁干农活

我从9岁开始干农活。我爷爷特别勤劳，从我们家往南走，有一片树林。凡是空地，我爷爷都种上苞米、绿豆、黄豆。种上后得用点儿粪肥，我和姑姑、弟弟们，用土篮装上粪。几十斤重，用胳膊挎，可沉可累了，胳膊都勒出血印。

我们都不愿意干，也不能说别的，老人让干就得干。但觉得太累了，挎不动，抱屈。其实抱屈不对，岁数小不知道，岁数大了，就爱劳动了。我和弟弟都干，拔草，伺候庄稼。秋收，自己收不过来，生产队的社员也去收，谁收归谁；我们就帮干活。

我15岁不念书了，正式下地干活，为啥不念了？那时我父亲因为劳累加上感冒，得了伤寒，很长时间不好，不能劳动了。我父亲当过生产队的领工员、队长，天天不着家，都是忙生产队的事。我父亲拼命地为生产队干活，可以说是为国家尽忠。之前我父亲在包头钢铁公司做过工人，那时就是小干部。因为要伺候我爷爷奶奶，才从包钢回来，不然就在包钢落脚了。

我受父亲影响，也是拼命干活。生产队有一个队长姓白，我们在一起干活。我个头比较矮，15岁时一米五，24岁还那么高。我虽然个头矮，但我立志一定要比别人多干活。普普通通的日工活，我准比别人多干三分之一。要是不比别人干得多，我良心上过不去。

那时卡工分，卡在一个小本上。每次卡分时，白队长都给我少卡半分。活没少干，为什么少给我卡半分呢？我回家问父母，父母说：“咱们是1960年搬过来的，人家都是老户，可能欺生。”

父母劝我说：“算了，少点就少点吧，也不能矮一块。”我心里不服气，但因为个儿小，也就不计较了，继续拼命干活。中午、晚上回家，没什么事干，我就想：人这一生，吃饭、干活、睡觉，天天老这三样，也没啥意思。心是这么想，但没跟爷爷和父母说。

2. 看字典学习

中午和晚上闲下来，觉得时间浪费了。那时没什么书可看，我就看过一本家训似的书，后来烧掉了。再有一本是借别人的《三国演义》，字不认识，查字典，硬看，也有点印象。

我心想：本来识字就不多，这文化一扔不都忘了吗？不行。我觉得认字有用处，就琢磨看字典，别人都不知道。那时特别困难，一本字典都买不起。

记得念三年级时，学校的同学都有字典。我家后搬去的，特别贫困，可以说家徒四壁。冬天没有烧的，满墙都是霜雪。放学回家我跟母亲说："人家同学都有字典，老师也让我买。"母亲说："没有钱啊。"我说完就拉倒了。

当父母的，想尽一切办法满足儿女的要求。我母亲没有钱，不知道从谁家借了五块钱。母亲把钱给我，我用手攥着，准备去供销社买字典，然后上学。攥着攥着，钱没了。从我们家出来有一条道，道旁有一面墙。我顺着墙根走过去的，墙根底下都是苞米叶子之类的。

钱丢了没买成，回家后，我跟母亲说了这件事。父母慈悲呀！没生气，说丢了就丢了吧，也没说我。那时我十三四岁，在家排行老大，能干活，还挺懂事。母亲没批评我，但不批评比批评还难受，想起来我就自责，心里不好受。

我母亲有一个朋友叫胡桂荣，比我母亲岁数小，管我母亲叫大姐，这人心眼特别好使。我没买上字典，我母亲就跟这个朋友说了，胡桂荣阿姨来问我钱搁哪儿丢的。我告诉她在哪儿丢的，她说她去找，然后就找回来了。

你说前一天丢的，第二天去找，能找着吗？要是掉到道上，必被人捡去。要是掉苞米叶里，上哪儿找去？再说根本不知道搁哪儿丢的。她说找着了，就给我母亲五块钱。当时我们都有点糊涂。哪是找到了，是人家自己拿了五块钱给我母亲。我母亲把钱给我买了本字典。

这个字典对我来说很重要。除了吃饭、睡觉、干活，没事我起码能学学字，写点字。虽然写得不好看、不算漂亮，但也是一笔一画写的。

3.我的写字经历

我的字写成了现在这样，是怎么回事呢？我从21岁开始参加工作，喜欢写古典诗词，那时开始学马列主义。我们有一个姓孙的同事，他总问："老邹，你干啥呢？"我说："学习呢！"我的书在床上放着，有历史、文学、数理化。我天天写东西，合格的，锁箱子里。

当时我任职于建材公司，前身是建筑公司东三厂即水泥厂六车间。老孙看我天天学，天天写，写完还往箱子里锁，他猜我可能是敌特分子，不然不会这样。有时我还与外面其他的人一起谈论文学或写作。估计他认为我这人不对劲，就跟车间书记说了。

一天，刘书记来问我："小邹，你天天写啥呀？"我就明白了。我瞅着书记，大约十秒没吱声。书记为啥问我这话？我马

上想到，我和其他人关系都挺好，唯独跟老孙关系不太密切，就是他告的状了。

那时我已经结婚了。我当时灵机一动，借用一个时髦的词——爱情。我说我天天给我妻子写情书，不行吗？书记起码瞅了我五秒钟，一句话没说就走了。

我一寻思，有人监视我，那只能写我自己认识的字。因为别人认识的话，还得告密。万一把我写的什么东西交出去，还真说不清。那时抓这个事，比如写错字了，用错词了，可能给你扣个反动分子的帽子，都说不准。

从那以后，我就警惕了，写的字不让人认识。往家里写信也这样，收到信，全家人围一圈猜字。时间长了，改不了了，写字跟老蟑爬似的。原来写字比较规范，现在写字，第一个字挺好，后面的谁也不认识，就自己认识。

4. 不怕脏

我特别爱干活，有种朦胧的思想，想通过干活报答父母的恩。有了这种念头，就必须多干活赚工分。1971年正月十五，我20岁，去哈尔滨道外区公益街掏厕所。最长的厕所三十多米，最小的也得一二米，还有十来米的。还有一个活儿就是收居民往外面倒的煤灰。

我主要掏厕所，挑两个粪桶。我那时身高一米五，一挑粪肥至少七八十斤。粪汤里有泥土，桶外边挂着泥粪，特别沉。一天挑三百挑。

我们三个人，老王头，把粪桶用钩一挂，往厕所里一扔一晃。一桶拎上来，我用扁担马上拎住。然后再整一桶，我再拎。就这么掏。掏厕所是干净，还是肮脏？老王头拎上来一放，有时候就崩到脸上、脖子上、身上，都是常事。

那时，一冬天就发一副棉布手套，一夏天就发一副白线手套，用不到三天全坏，就得光手。冬天，棉布手套一点不暖和，手一出汗就不好用了。

我挑到外边，外边一个老板子。我把桶往高一提，他往马车上那大桶里一倒，一倒液体往上崩。有时我正好在仰脖，崩得嘴里、牙花儿、嗓子眼儿全是。我就是那时锻炼得不怕肮脏。

肮脏活，我们干不干？现在可能不那么肮脏了，但干下水道的活，脏不脏？我们要体谅物业的人，苦累脏的活他们都干，我们要感恩。那一年我挣了五千五百多工分，农历八月十五高高兴兴地回家了，去秋收。

5. 难忘的秋收之险

秋收有一个序曲，我头一天跟着大老板的头车拉苞米。后面有五辆马车，一共六辆。一出生产队的场院，不到半里地马就毛了。头车上大闸板有一米高，我一米五，四匹马拉着空闸板车横垄跑，像飞起来一样。说时迟那时快，我一下被甩外边去了，趴在地上，失去了意识。

这时我一个姑父叫关君臣，还有一个社员张艺庭，他俩在看地。看到车上掉下个物件，黑乎乎的。当时凌晨三四点钟，

天还没太放亮。他俩马上跑过来了，一看是个人，一下把我拽过去了。为啥？后面五辆马车的马全都毛了。如果这两人不把我拽过去，我就一命呜呼了。不被马踩死，就得被车轧死。

等我清醒过来，我姑父说：“殿斌，车你赶不上了，都跑老远了。你别追了，回家休息吧！”我还想去，我姑父又说：“拉倒吧，你休息两天再说吧。”我特别想干活，寻思多挣点工分。我姑父这么一说，那个社员也跟着说：“回家吧。”我就回去了。

我姑父把我送回家，当时父母正在腌酸菜。我姑父说：“让他休两天，别干活了。”我爹说：“别去了，总干活，休息两天吧。”我没咋地，因为趴在地上，就两个肩膀和额头疼。正要休息，我爹说：“殿斌，有件好事。”啥好事呢？

父亲让我去大庆萨尔图，我的叔伯哥哥家，就是我四爷邹克让的孙子邹殿文，他在大庆建筑公司五大队二中队工作。当时大庆石油管理局招子弟工人，因为他的两个亲妹妹都没来。他就给我父亲捎信，让我报名参加招工。我爹接到信后没相信，为啥没相信？那年头有个正式工作不那么容易，可费劲了，我们想都没想过。

二、人生的转机

招工的事，是我大哥1971年夏天说的。等到十月秋收，赶上我在家，我父亲给我抓了一只大公鸡，让我去看看。我拿着大公鸡来到我大哥的单位，大哥就让我填表，填完回家等函调。

等了有半个月，我哥问："我们公司早就把函调发出来了，你们没收到吗？"我们说："没收到啊！"他说："那是怎么回事？"再等等看看。我哥为这事特意跑了一趟，过了几天，还是没信息，我们都很着急。

无巧不成书，我父亲有一个朋友叫张福贵，他到公社办事，发现一封信，不知道放多少天了。他一看，是老邹二哥家孩子的信，就把信拿回来给我爹。我爹一看，这正是函调。函调发到公社了，我们都不知道，还在家傻等呢。

函调拿到手，我爹首先跟生产队打招呼。生产队同意后去大队，最后去公社盖章，都同意了，我才能走。我拿着函调信，坐上火车去我哥家。第二天，我哥领着我去单位报了到。就这么简单，我参加工作了，真是不敢想象。

工人的待遇就是不一样，单位发的都是优质棉袄、棉裤，还有大米、白面。挖点土方，干点活儿，每天干得不太多，活挺轻快，不像农民得起早贪黑地干。

1.参加工作

我参加工作是1972年1月13日，我永远忘不了这一天。这是我人生中的一件大事。我永远感恩我的哥哥邹殿文，是他给我带来了转机。

我一看工作这么轻快，还能再干点啥。年轻人总得有点事

干，是不是？我一琢磨，学习吧。旁边同事有写诗词的，还有的看范文澜的《中国通史》，也有同事在看马克思、恩格斯的书。我一看都挺好，这三样我都得学。

我看他们能写诗，我也天天练，其实我根本不认识几个字，不认识的字就查字典。天天背词牌、诗牌子，有五绝、七绝、五律、七律，背得滚瓜烂熟。学了一段时间我就作诗。刚作完，觉得很了不起，过两天一看，觉得啥也不是，都拿不出手。

后来我又看《中国通史》，好几大卷本。还看了马克思的书。我一看马克思厉害，他的理论全世界认可。我那时产生个想法：要为国家尽忠，为世界做点贡献。只是有这么个想法，不知道具体怎么做。这事没和任何人说，只在心中暗暗立志发愿。

2. 学习马克思主义

要学马克思主义就得有个计划，首先把马克思的著作弄到手。当时马克思、恩格斯的著作出版的很少，一般地方买不到。我托人，最终在吉林的一个新华书店买到了。

先买《马克思 恩格斯〈资本论〉书信集》,《资本论》第一卷、第二卷、第三卷,《剩余价值理论》四大卷本，厚厚一摞，一开始啥也不明白。学了一段时间，才开始明白一些道理。

有一天，我们上级单位的齐书记来职工宿舍了解职工生活状况。到我那一看，有一摞马克思著作，他奇怪地问："你还学哲学啊？"我说："是啊！"就这样，我在他心里有了印象。

那时，从北安回来的有五百多个青年，都没成家立业。当时我就寻思：现在有时间了，要多多学习。一接触马克思《资本论》，就知道我这知识量真不行。马克思有博士论文，我也不懂什么叫博士，更不会写博士论文。马克思懂数学、物理、化学，我啥也不懂。马克思对医学、哲学、史学、宗教都懂不少，我一无所知，和马克思相比我差老远了。但我有志向，我要向马克思学习，疯狂地追，心情特别急迫。我说我必须成为马克思主义者，我就给自己这么定位的。那年我21岁，转年22岁。

要学马克思主义，还得学数理化。我又开始找初高中数理化的书。找着一看，不会啊。我的天啊！马克思还学过心理学、教育学，我又找心理学、教育学的书。我一看资料太多了，整不过来了。我还得上班，还得写诗词，还得学通史，时间不够用，我黑天白天学。

各位师长学友，我那时就这样，别人啥感受不知道。我现在回忆，觉得当时的自己好像精神有点毛病，追马克思追成那样，吃完饭就学习，不分白天黑夜。

齐书记知道我学习《资本论》，挺看重我。书记找班长谈话，让我到大队部报到。干啥呢？让我先干防火员，然后当团委书记，你看好事来临了。但我那时一心一意学习马克思主义，我说我就是普通百姓，啥也不懂，还是在底下锻炼学习吧。

二十多岁的我，真是天真无邪。书记提拔我当团委书记我都没干，也不知道是愚痴，还是聪明，但越学马克思主义心里越紧张为啥？因为那些学科我都不会，书都是借来的，不学还

不行，时间紧任务紧。我拼命追马克思，一学就是好几年。

3. 学写古典诗词

我下决心写诗是在1975年。一边学习马克思主义，一边学习历史，还学古典诗词，越学越多，但达到什么程度就不敢说了。我从二十二三岁开始学马列，学到三十六七岁就淡化了。但每天必须学政治、经济的著作，为啥？想为国家做点事，不管做多少，一定要做。

数理化挺难，有时上午学数学，下午学物理，晚上学化学。时间都整没了，一科学一点，啥也学不好。最后我决定以写诗为主。

就这样，我写古典诗词写到32岁，写了两千三百多篇。2003年在朋友的帮助下，在哈尔滨出版社出版了，书名叫《心流》。

我写古典诗词的原则是：忠于自然，忠于历史，忠于社会。这是我当时给自己的定位，必须做到“三忠于”。内容以伦理道德居多，我修改过几次。

我读了很多通史，再加上《上下五千年》《中国历史通俗演义》等，所以原来写的诗词里面有很多典故。后来一看典故这么多，大家还看不明白，修改文稿时我删掉很多，虽可惜但没办法。当时我有一个志向：想为人世间、为人类做点事。这就是我参加工作后自我成长进步的过程。

1976年，我在安达成家，平时住宿舍，一周回去一次。按理说可以跑通勤，天天回家，可这样时间都浪费了。不回家每天下班后，我就在宿舍学习，学马克思主义。

对我舍友来说，我就是看宿舍的。他们有的去看电影，有的去走亲戚，有的去外面玩、溜达。我雷打不动，必定在屋里学习。所以，我们宿舍一般不丢东西，因为我总在。

当时我给自己规定：每天必须写一首诗，写不出来不睡觉。最初规定写不出来不吃饭，后来一看不行，不吃饭干活干不动。不睡觉也把自己折磨够呛。有时晚上十一二点都没写出来，就不睡觉，困得够呛。有时后半夜两三点钟才写出来，那是常事。每天再学其他固定的，挺忙。这是跟曹操学的，曹操每天看五十二斤书简，咱这书看不了五十二斤，太多了。

古人写诗要求对仗，名词对名词、副词对副词、数词对数词。还得押韵，第一句、第二句内容不能重复。写诗有一套规矩，要求很严格。一开始我看李白的诗，不咋对仗，杜甫的对仗，非常工整。李白的诗浪漫，杜甫的诗现实。

那时候诗词很多，从《诗经》到唐宋元明清的诗，从民国的诗到毛泽东、周恩来、朱德、董必武的诗。陈毅的诗我都看过。当时年轻脑袋好使，虽然成家了，但啥也不管，一天专心致志学习。现在背不下来了，名句还行，好多都忘了，三十多年不用了。

一开始给自己规定写五百首。五百之后再来一千，一千之后再来五百，一直不间断写到1982年，写了两千多首。32岁时，我突然就搁笔不写了。

三、一心为国家

1977年年末，我被分到大庆建筑公司，属于东三厂，东三厂原来是个水泥厂。不长时间，又被分到让胡路的金属结构厂，属于建设材料公司。1980年，被分到建材公司的一个大车队当电工。

1.努力考上电大

正好这年，各个单位搞职工文化课程业余补习，职工都参与学习。车队领导叫我去教语文，有一个大学毕业的工程师教数学。我根本没教过，非让我教，你说这事怪不怪？车队队长说就你教。我看没办法，那就教吧。我也不会教，把语文书拿来，没读过，没看过。晚上下班后，职工到会议室上课。别的我不熟悉，诗词还行，其他的根本不懂，硬教。没人管，也没人说啥，就那样教。

教着教着，就来好事了，国家从职工里招收学历史的。我挺喜欢历史，之前学过，寻思差不多能考上，就想报名。结果，成分不好不能报，所以耽误一年。

转年，1982年春季，黑龙江省广播电视大学招生，这回可以报名了，国家摘掉成分帽子了，没有成分论了。我们车间书记挺喜欢我，因为我年轻，积极努力。我跟书记说自己报名电视大学了，他说那好啊！我说："现在我得复习，需要点时间。"他问："还有多长时间考试啊？"我说："还有一段时间。"

他说："这么的吧，你们电工有两个人，给你一个月假，你回家复习。"

我借了初高中语文、数学课本，六年的书一摞，我一看，真犯愁！它认识我，我不认识它。那时我已经有三个孩子了，按理说家里负担很重，但那时除了单位的活儿，家里其他事情我都不考虑，就是学习。

面对家里的活儿，我就像双目失明了似的，啥都看不见。有家像没家一样，一切都由我妻子承担。孩子哭一点都不行，我那屋门关上，谁也不能进去搅闹。我横鼻子竖眼的，孩子都怕我，我一瞪眼谁都不敢搅闹我。屋里没有桌子，整一块铁板，几个铁腿，就是一张桌子。书多一大堆，没有箱子装就摆那。在家不分黑白学习一个月，脑瓜子都木了，都不知道有后脑勺了，吃饭睡觉都不知道，到那程度。

一个月后去考试，考试之前我就寻思，虽然不会，但我记忆力强，都背下来。八十四篇文章，我全背下来了。其他的复习题，重点的我都背下来了，那时头脑不乱。数学不会，但ABC我认识，知道怎么写。几何图怎么画的，我都记住了。

考完大约过了一周，书记教育职工说："你们年轻人要守规矩，开车一定要注意安全，一定要努力向上，一定要向邹殿斌学习，人家在让胡路区考试考第一。"我这才知道成绩出来了。1982年9月正式上课，国家给黑龙江省第一批学生政策支持，半脱产。我可认真了，寻思没白付出，上大学了，挺自豪。

2.搞职工教育

1982年春天，车队领导让我去办公室，领导说："这有个借调令，你去公司组织部报到。"我问："借调我去公司干吗？"领导说不知道。借调两个人，另一个是于英江工程师，他是车队教数学的，我教语文。他是大学生，我啥也不是。我问于英江，他也不知道去干啥，我俩就去了。

到了组织部，进来个人，我一看是组织部副部长潘九彪，我原来的同学。那时借调三个月，就可以调到公司。副部长让于工程师到科技科报到，我到技教科报到。我问干啥呀？说过一段时间要成立职工学校，让我教语文。我说那不行，我没教过，也不会教。他说公司党委定的，那你还能不听组织分配？我一看不来还不行。成立职工学校不是小事，国家那时恢复高考了，让我搞职工教育，我就去了。

去不长时间，技术教育科就组建了学校，学校在我们建材公司附近，原来是服务公司。这样我们开始上课，除了我，还有从土木厂借调的老高中数学老师李凤明。我啥也不是，特别自卑，不会教课。

当时，我得给初、高中学生上课，这些课我都没学过，你说愁不愁人？不教不行，硬教，教的课程还不少，每天上午由我教语文，下午人家教数学。你说这一周累不累？不会备课，还得备课。后来拿了好多备课教案，可愁死人啦！那时不敢不下功夫，啥都不顾就学吧。外地调来的张老师，是本科毕业的老教师。半年后，陆续从外地调来不少老师。我俩还继续教，教完初、高中还教中专，越教越多。

我这水平根本就不行，后来我想到个招儿，啥招儿呢？到秋天时，我上电大，在电大学的东西，好多都是初、高中的语法、修辞啥的。虽然我写过那么多诗词，但语法、修辞一点不懂，也不知道咋整的，上电大学习后才知道这些。

我从电大学完后，回来教职工。职工都是年轻人，他们不喜欢老老师，都说我教得挺好，比老老师强。他们背后跟我唠唠嗑，说他们的老师教的东西都糊弄人。我从那边学完之后搬过来用，还挺解事。他们都要考大专，我们培养职工考中专和大专，培养了好几批，也算为国家做了点贡献。

有一天发工资，给我发了四十块钱，我说这不对啊，怎么多七块钱呢？我就跟张老师说："张老师，你说这工资怎么多七块钱呢？"他说不能算差啊。我说这咋回事？问沈老师，他也不知道。张老师说你问问财务小孙呗，到财务一问，她说："你不知道啊？领导研究决定，给你奖励级了，奖励你一级。"你看给我奖励级了，我都不知道，无形中多开一级工资。等我1985年电大毕业时，又涨一级，比一般工人多两级工资。

你看，我从没想过、算计过名利，国家一点都不亏待我。国家从来不亏待人民，所以我们绝不能亏国家，不能亏人民。一路走来，一心为国家。这个理念确定后，就知道必须做到先有国后有家。

3. 立志学中华优秀传统文化

我一直学习马克思主义，到1987年我看实在追不了了，就恋恋不舍地放下了。马克思说的就是辩证唯物主义、历史唯物主义、商品的剩余价值理论等这些东西。我寻思不能光学马克思主义，还得学习学习中华优秀传统文化。于是，就开始比较系统地学习中华优秀传统文化。其实，我从二十多岁到现在，一直都没停止过学习、传播中华优秀传统文化的脚步。

通过电话、微信、走亲访友的方式，线上线下互动学习，帮助解决上下级，父子、夫妻、兄弟、朋友之间的矛盾，劝和了很多家庭。

1990年，我带领家族五六股人，共同学习伦理道德。当时以小家庭为单位，叔叔大爷、表姐表妹，都设立了伦理道德小课堂。一共十几个，分别在齐齐哈尔、哈尔滨、尚家、大庆、肇东、鞍山，都在落实五伦八德。

1987年，我开始学习伦理道德，那时立过志：不赚除工作外其他渠道的钱。1988年，古典诗词不写了，但政治经济学和马克思的东西还没扔掉。我还要工作，如果经商就力不从心了。

举两个事例，改革开放后，我有两次发财的机会，都没去做。那时国家允许下海经商，让一些人先富起来。一般人不敢干，害怕犯错误。有一些朋友和我说："邹老师，咱们搞点柴油出售能挣不少钱。"真是件好事，而且一点不犯法，去有关部门批，然后明码标价出售就行，但我拒绝了。

还有一件事，买卖钢管。我姑奶有一位老朋友，她丈夫是鞍山市钢管厂厂长。我姑奶经常讲伦理道德，他们夫妇是受益者。我管我姑奶的朋友叫姐，管她的老伴叫姐夫。

1991年，这个姐夫从鞍山来大庆找到我。我们厂是金属结构厂，为大庆油田服务，专门制造一类、二类、三类压力容器，需要钢管。当时我们厂钢材处理量一年一万吨，包括钢管。如果直接从厂家买不用中转，能为厂子节省一些资金。

我说行，但我不能搞，我去找材料库的负责人说明情况。这个姐夫说如果能行的话，我俩可以做点买卖，共同分利益。我还是拒绝了，我已经立志好好学习传统文化，整这事牵扯精力，不能做。两件事我都推了，不然哪一件挣几十万都很轻松。

因为工作表现较好，建材公司金属厂要奖励我，我说已经够用了。通过学习祖宗的教诲，再加上看四书五经等经典，我可知足了。我现在退休了，国家一个月给四千多块钱，我老知足了。

我们对五伦的理论有深刻认识后要践行，践行后讲这些故事，也就是得到的好处。按五伦八德做，身心健康，家庭和睦，最起码五伦关系和谐了，我们求的是和，这一点特别重要。

我们让国民得利益，首先体现在伦理道德上。我们宣传社会主义核心价值观，友善友爱，崇尚和合，这不是正理吗？这

不是正善道吗？我们生而为人，尽量为国家、为社会立功立德，做点正事。

四、视老人如珍宝

我姑奶有一个习惯：一日三餐无论吃什么，都要先敬祖先。比方说：她早上一般都喝鸡蛋水，吃点婴儿饼干。她吃之前，一定舀出几勺放到碗里，上面横一双筷子，让我或我妻子，给她的爹妈上供，这就叫饭祭，像孔子似的顿顿饭祭。

如果这顿饭不祭，我姑奶就不吃。我们顺从老人的心，早、中、晚都要饭祭。我姑奶在我家待三年，饭祭三年。早晨的鸡蛋水，祭完是不是凉了？凉了就不能给姑奶喝了，对老人胃不好。我说这是福根，让孩子喝。孩子喝了几次，嫌腥不愿喝。妻子也嫌腥不愿喝，按理来说我也不愿意喝，但是不行，总得有人喝。我喝了三年，喝得身体还不错。

我姑奶每天饭祭三次，我吃三次。有时叔叔、大爷来我家，他们都知道有饭祭的习惯，都抢着吃这福根。我们必须顺老人的心。

1.上行下效

我姑奶当年90多岁，已经没牙了，牙床都磨平了，牙也镶不了。一想到花生米这么香，姑奶却吃不着，我心里就不好受，怎么办呢？我想出一个好办法，用捣蒜缸子把花生米捣碎。结果捣成了饼，出油了，可黏了。我用羹匙舀出来，说：“姑奶，您尝尝这花生米，好不好吃？”姑奶一吃还挺香，花生米捣得像嫩饼一样，老人一点一点抿着吃，可开心了。

记得小时候，我们伺候爷爷。那时老人的牙剩下几颗牙不能拔，在前面支着，吃饭都不方便。像米饭、白菜、小葱啥的都吃不了，我就又来招儿了。用菜刀把白菜、香菜和小葱，搁菜板上剁稀碎，再拌点酱，爷爷吃得有滋有味。老人岁数大了，吃的食物就得精细点。那时困难也没啥吃的，肉、鱼没有。有时爷爷馋了，想吃点小白菜、小香菜等，我就时不时剁点给他吃，他挺开心。

亲戚朋友来看我姑奶，我就告诉孩子们：别人给你姑太奶拿的各种点心、水果，你们不能吃。你们吃了，姑太奶就吃不着了。谁要吃的话，咱们回来就得算账。最后孩子养成了习惯，点心、水果，有时放坏了，我不让吃，孩子们也不吃。我和张老师上班前告诉孩子们，好好看护姑太奶，不能出任何差错。

有一回，我的牙活动了，不能吃花生米了。我跟孩子们说：“爸以后不能吃花生米了。”说者无心，听者有意。我这俩丫头去厨房把门关上，用蒜缸子捣花生米。我问：“你们这是跟谁学的呀？”孩子们说看我给她姑太奶捣花生米了，她们也学着给我捣花生米。这就是上行下效，像公益广告里播的那样，当母亲给老人洗脚，孩子也会端一盆水给母亲洗脚，这道理一点不假。这就是孝道的传承。

2. 老人是宝贝

家里有健在的祖辈，七八十岁的老人，你赶快去请教他们，他们是我们的宝贝，啥宝贝？传统文化他们都懂，知道怎么做人。你要不请教，他们最后都带走了。所以赶快去，请教他们怎么做媳妇，怎么做儿子。

我爷爷在世时常说："有智慧的人专门找人优点，不看人毛病。"毛病谁没有？有句话说："丑事家家有，不漏是好手。"家家都有丑事，别人不知道，不过是捂得严，隐藏得好，没漏罢了。

六十多年前，我十二三岁那会，在东北，五六十岁的老人家，尤其是老爷子，爷爷辈儿的，特别会讲故事。比说书的讲得还好，说的都是伦理道德，说的话就像搁书本里扒下来似的，一套一套的，特别有教育意义。我岁数小，听到很多，但没记住多少。

我愿意跟老人打交道，20岁时，在哈尔滨积肥待了八个月，伺候过三个老头——老张头、老李头、老王头，都六十来岁。他们仨喝酒，我天天给他们买酒买菜，伺候得可好了。我们处得感情很深，我参加工作时，这三个老头儿还想我呢，可有意思了。这三个老头在一起唠嗑，说的都是伦理道德。那些俗语就像经句似的，可惜现在他们都不在了。

我跟人家没法比，差远去了。父亲怎么当？母亲怎么当？儿媳妇怎么当？一说一套一套的，还会讲故事，讲得可精彩了。

现在这些故事都没了，都带进棺材了。我常说，家里有七八十岁的老人，祖母也好，爷爷也好，姥姥、姥爷也好，你们赶快去请教，要珍惜，不然都带走了。

第二部分
女子德行故事

女子·德行

女子五善

女子在家庭里地位不一般。当今社会男女平等，好多女子出来做事，有的做到女总统、女总理，有智慧、德才兼备的女子很多。

一、仁慈

积善之家的女子爱人爱物。古人说：仁民爱物。仁慈的人，有正主意，不是坏主意。这样的女子，不管居家还是在单位，别人争理，明明她有理，也不争。为啥？这就是品德。有理一争怕伤害别人，影响人向善，这是仁慈之心。

不争让步，是心量宽，想得特别开阔。心大，量大，这样的人有福。有理都不争，何况无理？有了过错，马上承认。有的女人没理辩三分，在家里从早到晚叨叨。

我母亲在这方面就做得很好，不是自己的过错，也都揽过来。举个例子：过去，家里有块木头的马蹄表，是我家唯一的宝贝。那时自行车、手表、缝纫机啥都没有，只有那块表最值钱。那表都由我父亲亲自上劲儿，别人做他不放心。有时候有点事一干扰，就忘了上劲儿。有几次没上劲儿，走到上午十点或下午三点钟不走了，这种情况多次出现。

我母亲每天十点半做午饭，十点钟表不走了。我母亲寻思再待半小时做饭，半小时左右做好。十一点多，我父亲从生产队收工回来吃饭，一看我母亲还没做饭呢。我母亲问："到点了咋的？就回来了？""可不到点了怎么的。"父亲说着心里有点不乐意，但没表现出来。我母亲说："哎呀，我看那表刚到十点，寻思还得一会做饭呢。这都晚了，是我的过错。"我母亲马上把过错揽过来。我父亲一看，是他没上劲儿，怨他，人家却把过揽过去了，这气就消了。

你看，家里有些不痛快，都是由小事产生的。这点鸡毛蒜皮的事，根本不算事，我母亲一揽过，拉倒了。很多次我母亲都是这么做的。**推功揽过，这是美德。**

还有，我们通常认为岁数大、资格老的人可能不会轻易承认过错。其实不是，明理之人总是愿意承认过错。我姑奶94岁，有时跟人唠嗑。因为她不知道全貌，了解得片面，有可能产生误会。我姑奶可明理了，你把事情来龙去脉跟她说明白，老人家马上承认过错。

一个人能承认过错，才有心量。能容人，遇事有理不争。有句话说：讲道不讲理，讲理气死你。我们千万别在家里讲理。要想得开，心量宽。要争罪过，这么一争，风波就没有了。

二、有智慧

其实有智慧的人，不论男女，性情柔和。性情不柔和就愚鲁不达，净说脏话，办混事。家里家外，处事要想有智慧、有性情，自己要控制住情绪，要掌握好度，柔软和气。要能认识到自己的过错，认识不到过错是最糟糕的。

我们学习伦理道德，平时要常常探讨，错了之后要检讨。居家过日子或在单位上班，亲人、朋友、同事之间，你成天指责人家不对，看不到人家的优点。换句话说，人家的好处你全忘了，有一点不好就全不好了，这不对啊！要认识到自己的过错，看到别人的优点。

我父亲非常明理，有片言折狱的能力，语言极少，但能准确判别争论双方的是非曲直，所以生产队很多问题他都能摆平。

我母亲性格柔和，不说闲言碎语，也这样教育儿女，这就是女子的善。我们从外地回家，常有亲戚朋友来看我们，赶上中午或晚上吃饭，一桌人围在一起，有人可能说一些闲话。我母亲既不说闲话，也不听人说闲话，食不言寝不语。吃饭时，听到别人说闲话，我母亲两个动作：一是摇头，二是摆手。意思是别说了，拉倒吧，停下来。如果两个动作做完你还不警觉，我母亲就会端起饭碗，夹点菜离席而去。等她老人家一走，桌上人都知道了，快拉倒吧。你看老人家不想听都走了，便停下来不说闲话了。我母亲从来没说过脏话、闲话，这非常难得。

三、讲义气

我伯母谩骂我母亲七年，我母亲没回过一句，照样嘻嘻哈哈，这忍耐力有多强。我母亲不记仇，一直到老和我伯母关系都很好。

我母亲这也是讲义气。不然你那样骂我，我还去看你？我根本不讲义气，啥事我也不帮你。但我母亲照样帮忙，我大爷有事找我父亲和我弟弟，我母亲都说："哥哥有事，赶快去帮一帮。"我父母和我弟弟都不记仇，哥兄弟之间别记仇。古人讲："君子记恩不记仇，小人记仇不记恩。"

居家过日子，老年人啥不懂？啥不知道？过去家家的祖宗，哪个不比我强？我现在是鹦鹉学舌，人家可不是鹦鹉学舌，每一个都嘎嘎的，这道理全明白，一套一套的，可惜日久天长，慢慢丢失了。

讲义气，人情圆融。讲义气的人能吃亏，能舍得。一百块钱，没事，干吧，不计较。一千也没问题，一万拿吧，这不就是人情圆融吗？遇事宁可自己吃亏，委曲求全，有忍耐之心，能让人。

古人讲：能伸能屈是英雄。如果事情办到一定程度，被劈头盖脸损一顿，是不是有人可能受不了？干啥怨我？就跟人干。能忍辱的人会想，他赶气头上，说话不中听，抬头不见低头见的，我不能跟他一样，算了吧！委屈一下得了，委曲求全，忍辱负重。退一步海阔天空，说的就是遇事往后退。他把你劈头盖脸一顿指责批评，过后一想，是自己没搞明白，怨你干啥？最后，他可能就给你道歉了，那时你多光荣？

为啥能委曲求全？宽宏大量，能容人。有容乃大。能容啥？啥事都能容。我太爷常讲，都是祖宗世代传承下来的："能吃能装像个泔水缸。"不管灌啥都不在乎，这是真正的品德，厚德载物。好多英雄豪杰，做大事的人都是这样的。宽宏大量，大到什么程度？像大地一样，承载万物，万种污垢。国内外都有这样做大事的人物。

四、讲信用

讲信用的人，非常明理讲义气。讲信用怎么体现？为人宽厚。把事做坏了，怨自己，不怨别人。想做到这难不难？人是高级动物，就高级在这里。古今圣贤都是品德高尚的人，他们都是在别人瞧不起、看不上的地方做出来的。

买卖赔了，我怨别人，没有他买卖能赔吗？如果我能把事情看透了，就算和他有关系，也不能怨他。为啥？明理。讲信用的人不怨人。

我过去非常愚痴，凡事好怨人。别说是别人错，就是我错了，我还跟别人生气，嫁祸于人，甚至怨别人。没有智慧是愚痴，就会怨。

事做坏了不怨人，不怨人是真明理，明理之后性情也好了。身心柔软很难锻炼，有的人越练越硬，练来练去练夹生了，练成“老改犯”了。老改老犯，老犯老改，总犯过错。犯了错还后悔，后悔完还犯，你说这咋整？

五、守礼安分

明理、柔软了，自然而然能够守礼安分，安于规范，安分守己。守礼不容易，礼是法，是规矩。安分，安于遵礼守法的状态。道德都得学，国家法律法规必须遵守。我们要做安分守己、遵礼守法的人。家道、家法、家教，合起来相当于家风。家道执行得怎么样，家风就什么样，道理就在这。

现在是万花筒世界，但守礼安分的人，心里有一定之规，不为外物所动，花天酒地不沾染。我们夫妻不会打麻将，三个孩子也不会。赶上过年过节，有时候俩丫头提议玩会扑克，玩不明白，一会就不玩了。

我们一般不在自己家过年，都去父母那团聚。这两年赶上特殊情况，我们在家过年，可简单了，冻白菜、甜菜缨子焯点儿，再炒点儿土豆片，煮点儿大碴子，吃得可好了。那真是上等伙食，吃得又香又饱。

我的妻子谦卑忍让，能够不受外物影响，心甘情愿尽坤道妇理，女子品德落实得非常好。

我妻子比较传统，可以说是贤妻良母。这样评价一个女子，说明她的坤道妇理样样都做出来了。八德方面，她一般不胡言乱语。妇工方面，什么活她都能拿得起放得下。妇容方面，待人接物笑盈盈，说话比较甜蜜。

她在单位上年年被评为先进，正式职工都评不上，她能评上。为啥？她能吃苦耐劳。20世纪90年代，很多城里人不会做鞋、棉袄、棉裤，求到她头上，基本上有求必应。起早贪黑帮人家做，可忙了。

男女的德行是通用的，都包括孝悌。你说男子廉洁，那女子不也得廉洁吗？都是通用的，但多少有点区别，我们不要太执着于这些分别，但凡好的德行都应该继承。

女子五漏

我们看看女子的恶，积恶之家必有余殃。大家有则改之，无则加勉。

一、不仁慈

性情刚强，宁折不弯，看不起人。往往有智慧的人用眼睛一扫，就知道对面人是什么性格，心里在想啥。古人心比较静，都有这种能力，就是所谓的察言观色。

性情刚强，看不起人，好出风头，啥事打头阵。争贪搅扰，没占着便宜不干。家里分房、分地，父母去世，财产得不着，她就不让人安宁，想法儿收拾人，把财产争过来。

还有一种女子，嫌男人没用。常常说："我家男子啥也不是，吃啥啥没够，干啥啥不中，嫁他倒八辈子霉了。"男子干什么事全不中，说人家不行，在家里抢权主事。以为男子不行就她行，好多女强人就是这么累倒的。天天这么坚强，不服人。

男子干活，女子相不中，啥都自己承担，你看累不累？男子架不住这么欺负，跑别人家去了，为什么跑？女子天天往外

推，男子没地方去。他一寻思妻子不要我了，不理我，嫌弃我，天天生气，去别人家吧。

男子去了别人家，妻子发现后，气得疯了一般，这是轻的。严重的，气倒了，死了。如果男子女子都这么做，世上孤男寡女就多了。夫妻各揣心事，情义都伤了。

二、不明理

说话轻狂，有狂妄之态。不懂礼节，说话不给话做主，又吹又捧，轻视人，好挑邪理，鸡蛋里挑骨头。更重要的是欺负、压制人。妻子把丈夫压得喘不过气，说句话能把丈夫顶南墙上去。你说丈夫怎么受得了？什么事自己不顺心了，怨东怨西，责任都推出去，把自己撇得干干净净，就自己对。

积善之家必有余庆，积恶之家必有余殃。我们学伦理道德，要把错误的改正过来。

三、不讲信用

诚信特别重要，不管是国家还是个人，没有诚信一切免谈。如果科学家没有诚信，火箭能上天吗？差一丝一毫都不行。成千上万的数据，一个数据有问题都是不诚信。

我们一定要时常想想太阳、月亮，它们都严格遵守自然法则。每个人好比太阳、月亮，有自己的轨道，遵规守则就能少犯错，最后达到不犯错。

还有轻狂卖俏，寡廉鲜耻。社会上有些不正当行业引诱，坑害多少青少年，乃至成年人，很多人上当受骗。这件事，值得我们深思。

四、不懂义气

不明白啥叫义气，是不是很可怕？占便宜行，吃一点亏不干，啃爹妈，啃哥兄弟。见啥馋啥，净想吃好吃的，什么都不想做，特别懒惰。

我当过保安，去过别人家里。有的人家，可能是女子很忙，或太懒惰，屋里到处乱糟糟，我都不想形容。我们不是说要特别干净整齐，可也得差一不二啊。

如果一个人好吃懒做，再为非作歹，对国家、社会、家庭都不利。

五、没有智慧

胆大妄为，天不怕地不怕，凶神恶煞，母老虎一般，这属于阴性的东西，恶的东西，我们要警觉。

我们落实伦理道德，这些都是通用的。有时间我们翻一翻、

看一看，研究研究自己是什么样的人。不要做恶人，要做善人。我的亲戚朋友，可能有不懂伦理道德的，我可以帮他们走上伦理道德这条正道。

第七章　过继子明孝悌顺老人心

太奶的故事

我太奶助我太爷成就道德善路。试想当初过继子嗣时，如果我太奶不同意，我太爷能过成吗？是我太奶深明大义，才过成了。我太爷有五个儿子，想过继两个给两位兄长，也就是我大太爷和二太爷，就是顶这两支脉的人。

当时房无一间地无一垄，人口又多，我太奶和我太爷纺线、织布，生活极其困难。我爷爷经常讲这个故事：我太奶没有钱买葱，园子也种不上葱。邻居家扔出来像线那么细、乱麻秧子一样的葱，我太奶捡回来，一根一根捋好后，栽到后园子里。等到秋天，长得也挺大，跟邻居家的没什么区别。我爷爷说这话时，眼泪汪汪的。生活那么困难，照样伺候老人，把家里所有好吃的都给我高祖。

有一年冬天，我高祖拿出一块布，让我太奶给他做衣服。太奶做得很快，大约一周时间就做好了。那时都穿大衫，长袍带领子的，春天穿挡风，不冷不热。我太奶把做好的衣服和剩下的布料一起拿给我高祖，乐呵地跟我高祖说："老叔啊，衣服做好了，您老人家穿上试试，看看怎么样？"我高祖看看衣服，又看看剩下的布料，就不高兴了。

我太奶看出来了，寻思这老叔不高兴是什么原因呢？我太奶一声都没吱，把衣服拿回自己房间，不长工夫把衣服拆了。又拿到我高祖这屋，把所有布料放到炕上一块一块拼好，说："老叔啊，你看看这布料一块不缺。"我高祖一看果然一块不缺，就乐着说："老叔不是那个意思。"过了两天，我太奶把衣服重新做好，给老人送了过去，老人乐呵穿上了。

这事我们分析一下：我太奶把衣服做好，叔公公没试穿，还不高兴了。背后的意思是：你肯定偷留布料了。我太奶立刻意识到了，二话没说把衣服拆了，所有布料拼好一核对，化解了这场风波。如果是现在的人，就得高声理论一番：老叔，你为啥不穿还生气了？还拆了给你对布料，不伺候你了，彻底拜拜了。

各位师长学友，我们的先人都这么做，不敢惹老人生气，一定要顺老人的心。试想，如果这事你遇上了，你难不难？这衣服拆不拆？

我妹妹是成衣店的，她做活比较快，用缝纫机做一条裤子也得40分钟左右。我太奶手工做好一件大袍后撕开，虽然白费了很多时间，但体现出对老人的尊重，让老人顺心。我常想，我太奶做这件事，不能说了不起，但细想想太难做到了！把整件衣服都拆了，不拆不行，说不清楚，不能因为一件衣服跟叔公公理论，惹老人家生气。

我们说孝老人的性，不让老人生气、动性，我太奶是不是做到了？各位师长学友，如果面对这样一位老公爹，我们应该怎么对待他？放在当今社会，有的人可能会说，我给你做好衣服你不穿，还生气了，以后不给你做了，正好我也不想养你。我才不惯着你呢，然后上外边一说，老人都没法活。

就这件事，我常常陷入深思：我太奶做到这一点太不容易了！你看她性格多好，天天乐呵呵的。我太爷、太奶一直伺候我高祖到终老，真是了不起。

我爷爷、奶奶也是这样做的，给我太爷、太奶养老送终，这就是上行下效。这方面做得好的，还有我姑奶邹淑清。爷爷常说，生女儿要对得起世界，生儿子要对得起祖先。

第八章　侠肝义胆尽显浩然正气

姑奶的故事

接下来讲讲我姑奶如何尽孝道，性格是什么样的。我姑奶1900年出生，1994年去世。8岁开始在女学学习坤道妇礼，即女德。姑奶学女德，志气特别大。她13岁时说：一定要把女德学好！

我姑奶受我太爷影响，懂一些医术。外科、妇科方面简单的病，她都会治，最拿手的是拔火罐，不管什么病通过拔火罐基本都能治好。

她老人家从三十多岁到95岁，一直给人讲道治病，分文不取。比方说谁家小孩、妇女闹毛病了都去找她，她就像乡下的赤脚医生似的，说你这是什么病，上医院去抓点什么药。有时去给病人拔火罐治疗时，就住人家家里，边治病边讲伦理道德。一辈子做善事，特别善良，豪爽、义气。

中华人民共和国成立前，家家都很困难，几乎没有不挨饿的。姑奶济人利物，到什么程度？两个表妹说，谁家挨饿，姑奶就把高粱米给人家送过去，自己家里却颗粒没有。姑奶的三个姑娘饿得直哭，后来没办法，只能靠挖野菜度日。姑奶的心就是为人服务的心。

抗日战争之前，辽宁也有日本鬼子，他们去黄沙坨六间房收粮食，乡亲怕被残害都吓跑了。可我姑奶不害怕，要去找日本人理论，谁劝也劝不住。结果理论一番后，日本人粮也不收就走人了。后来我分析，可能我姑奶碰到个好日本人。一说老百姓都没有粮食吃了，你们还收粮，日本人心一软就走了。通过这件事能看出我姑奶一身正气，特别有正义感，为老百姓豁出去了。老百姓都特别赞叹我姑奶的胆识。

有一年，胡子去我家抢粮食，没抢着，一来气把我爷爷劫走了。当时我姑奶没在家，回来后，知道三哥被胡子抢走了，就问："哪儿的胡子？"姑奶胆子大，非要去要人，有人告诉她胡子在哪儿，姑奶自己就去找胡子了。

到了山寨，胡子们一看来了一个小脚女子，都挺好奇。还说必须找胡子头，胡子寻思你干啥呀？还找我们老大，胆挺大呀！结果理论一番后，把胡子头找出来了。找出来后，他们就开始谈，也不知道我姑奶说了什么，就把胡子头讲服了。我猜想胡子头可能被我姑奶的一身正气折服了，佩服这小女子的胆识，后来胡子头把我爷爷放了，大家看我这姑奶厉不厉害？

姑奶善良正直，敢做敢当。她老人家在世时说过一句话："心正不怕天，事正不怕官，有什么可怕呢？"我记得可清楚了，她一身浩然正气。

我姑奶嫁到黄家，她公公的性格不一般。怎么个不一般呢？

他有一个特性，洗脸必须用烧开的水。家人把洗脸水端上来之后，他用手指一试就知道这水开还是没开，这手像温度计。如果水没开或没热，他手一撤，“当”的一声，一脚把盆踢到屋顶。铜盆叮当响，满屋下雨，那脾气暴的，谁都不敢招惹。大家看这老公公好不好伺候？

我姑奶的公公除了用开水洗脸，饺子也必须吃热的。怎么吃？饺子包完放一边，开始烧水煮饺子，一次煮三个，煮完马上端给老人吃。吃完再煮三个，等他吃完，别人再去煮着吃。他的话就是法律，只煮三个，多煮一个少煮一个都不行，你说这要劲不要劲。

有一年过年吃饺子，三个煮好后端上去。老人家筷子一拿、一口咬下去，不知是没煮熟，还是煮过头了，或是热度不够，他连筷子带碗和盘子都摔地上了，就这脾气，是不是够一说？

过去一般都是三间房，老人家在里屋，外屋是厨房。这一摔，盘碗都碎了，响动很大。全家人吓够呛，谁也不敢进屋。我姑奶胆大，进屋二话不说，跪下就磕头，说：“爹，我不会当儿媳妇，饺子没煮好。您老人家别生气，儿媳妇重新煮。”说完起来给老人鞠个躬，盘子碗筷一收拾，回厨房重新煮。

古人有句话说：“杀人不过头点地。”姑奶这一磕头，一赔不是，老人就拉倒了，一场风波平息了。

家有家法，铺有铺规。家法、规范、标准，我们不能触犯，这是规矩。如其不然，这老爷子，给你煮饺子，还三个一吃，一个我还不一定给你煮呢。煮好后，不吃，又摔地上了，真把你美坏了，还想不想在我这待了？这话是不是有的是？如果老人就这样，儿媳妇咋当？

现在的老公公，虽然没有这么大脾气，但脾气也不小，不过敢跟儿媳妇要脾气吗？孝道的主权丢了，儿媳妇捡着了。有的老人不敢要主权，害怕儿媳妇。

摊上类似的公公怎么办？这样的公公啥时候都有啊，儿媳妇怎么办？要家庭幸福和睦，还是跟公公对着干？我不惯着你，来吧，那家庭幸福、事业兴旺都没了，这是真的，不能看一时。

第九章　忍辱七年只为家族和睦

母亲的故事

我母亲伺候我爷爷、奶奶，从辽宁到黑龙江，前后共24年，给我爷爷、奶奶养老送终。我大伯父娶了三个大伯母。第一个大伯母因病去世了；第二个大伯母不好好过日子，不守妇道，被我大伯父休了；第三个大伯母娶得比较晚，在家庭中，后娶的大伯母从某种程度来说占优势。我叔叔、姑姑，包括我父母都让着她，因为她岁数不算太大。

奶奶去世后，家里还有爷爷、大伯父、大伯母、姑姑、老叔、我父母和我们姊妹五个，十多口人。一间房南、北炕都住不下，也不方便。转年有点积蓄了，盖了三间房。我们住一间半，我大伯父住一间半，叔叔不在家。大家在一起生活，吃的、住的都紧张。

搬了新家后，出现一种现象：只要我父亲出门，我大伯母就开始谩骂我母亲，啥话都骂，骂得非常难听。我父亲一进屋，我大伯母就不骂了。我父亲不在家，我大伯母就一直骂。有时我父亲在外边修桥，一个月都不回家，我大伯母可逮着了，这一个月天天骂。但有一点，任何人不服都不行，我大伯母那么骂，我母亲一口不还。

我大伯父和我大伯母成婚那年，我13岁，大伯母骂我母亲一直骂到我20岁。七年，我母亲一句话没回，任由我大伯母骂。那时可能我们也傻，我二弟比我小3岁，三弟比我小5岁，没有一个人把这事告诉我父亲。我老姑、叔叔也不和我父亲说。我大伯父在不在家，我大伯母都照样骂，我大伯父也不跟我父亲说。

每当我大伯母骂我母亲时，我母亲都把我们住的东屋门关上，不让我爷听着。我爷耳朵被炮震得有点背，声大能听着，声小听不到。我爷可能有时候能听到点声，但听不出具体说啥。我大伯母一骂，我母亲就把门一关，不知我母亲是聪明智慧，还是有点傻。

我当时什么都没想。后来分析我母亲关上门，是怕我爷听见。爷爷一听我大伯母天天祖宗三代地骂，肯定受不了，不得着急上火吗？但我们都能听见。后来，我们都习以为常了，不在乎了，当听音乐了。冷不丁，我父亲一回来，不骂了，鸦雀无声的，好像没啥意思了。我大伯母骂完后，我母亲还能和她正常唠嗑，我寻思我妈好像傻，不记仇。为啥能这样？我百思不得其解。

我三十多岁时，终于找到母亲不反击大伯母的原因了。啥原因？我母亲19岁成家，成家前她有一块白花旗绣花枕巾。上面绣着刘、关、张桃园三结义，还有一口井。这块枕巾我母亲从没舍得用过，保存在一个小木头箱里。我想等我成家后，把这块枕巾收藏了。

后来，这块枕巾由三弟和三弟妹收藏了。我分析我母亲的心思，刘关张虽不是亲兄弟，但结义后感情胜似亲兄弟。我们手足之间更要和睦，不能反目。

如果当年我母亲跟我爷爷和我父亲说，他们肯定生气。一生气，这事情不就麻烦了吗？再说，我大伯父三十多了，好不容易找着我大伯母一起生活。这事如果闹起来，不但妯娌不睦，兄弟之间，甚至涉及我爷爷父子之间都会出问题。我们子女一大帮，都会和大伯父、大伯母对立。我母亲想得长远，孝悌道想得周全。

1970年8月13日，我爷爷去世了。百天过后，我母亲跟我父亲说："咱们不能在这住了。"我父亲问："为什么不能在这住了？"我母亲说："嫂子骂我七年了，你知道吗？"我父亲说："不知道啊，骂你七年你咋不说呢？"我母亲说："就你那脾气，跟你说早就打翻天了。"我父亲这才知道。"再者，老大都20岁了，将来成家立业住不下，咱们买个房子吧。"我父亲一听我母亲说得挺有道理，花了九百块钱买所房子。看我母亲这性格，一般人别说骂七年，骂七天啥样？我母亲能忍七年，我们家族人都很赞叹。有一点很重要，我们搬家之后，我妈和我大伯母关系一直很好，我大伯母还看过我妈很多次。

我大爷是家族的当家人，他和我四爷等几个老前辈非常赞赏我母亲，对我母亲的说话态度都不一样。我爷爷临终时，对我母亲说："我没成想这一生得你济了。"我母亲性格柔软绵长，从来没顶撞过老人，没跟老人生过气。

第十章　贤淑女助夫成道德善路

妻子的故事

我和妻子张淑范都是农村出来的，1976年成家，生活很困难。但我们共同的特点是：勤劳节俭，不挥霍浪费，把钱花在刀刃上，把勤俭当传家宝。

我从小有个志愿：做道德事业。1990年，伦理道德逐渐兴起。从最初在家里办课堂，到现在四处讲课，有三十多年了。我现在能站在讲台上鹦鹉学舌，都是妻子助我、支持我。古人讲：贤内助，助夫成德，助夫成就道德善路。

当时我家住的房子64平方米多点。我心想：学习落实伦理道德，要从家人开始。家里人都不知道，给朋友讲什么？首先得在家族中落实。家族里，我有五个爷爷、一个姑奶共六股人，加起来160多口人。

第一次开办学习班，是在1990年7月，来了55个人。由于家里条件有限，只能派家庭主要成员来。55个人住不下，吃饭也得分成两波。

来学习的人中，我姑奶年龄最大，已经90岁了。她是1989年从辽宁回到黑龙江的。其他都是侄子、侄女、侄媳妇、孙子、孙女、孙子媳妇，好几辈人。那时我们年轻，三十六七岁，来这么多人不是一次两次。我好办，我妻子怎么对待这些亲人？用什么态度？

来家里学习伦理道德的，大多都是我姑奶娘家的亲人，唯一一个外姓人就是我妻子。55个人家里实在住不下，领走16个人，我家住了39个人。大家想想，除去床、卫生间、厨房、桌子、衣柜等所占的地方，还剩多大空间？这么多人来我家基本都要花费4天时间——办课堂3天，提前来1天，还有第五天早上走的。这么多人都在家里吃住，我妻子怎么对待？

那时候交通不像现在这样便利，车次少，没有高铁，来学习的55个人当中有本地的，还有从辽宁、哈尔滨、齐齐哈尔、肇东、安达来的，外地来的都得住在我家。

各位师长学友，二三十年前，条件不是特别好，家里拖鞋不够，被子不够，碗、盘不够，什么都不够。谁家能有三十九床被？十九床被也没有啊。我家只有不到十床被，那怎么睡？把被都铺到地上。床上、沙发上算是好地方，根本躺不下，往后一仰就睡了。那时叔叔、婶婶四十来岁还算可以。大爷、大娘都五六十岁了，我二奶七十多岁了，老人家得安排舒服点的地方。还有我姑奶90岁了，得给她安排一张床。即便这样，老人旁边还得挤个人，脚底再挤个人，你看看这样睡四宿，热不热闹？

我们主要吃青菜和主食。为了新鲜，我和妻子一天一买，

买多了也放不下。整个屋子除了人就是这些吃的，再就是一堆衣服。那屋里什么气味都有，即便把窗户门打开，空气也不太流通，因为人太多、空间太小了。

买完菜我就不管了，我妻子保障后方，我组织五伦八德的课程。我在前台，她在幕后，我们俩唱一台戏。1990—2012年，我们每年搞六次伦理道德课堂，平均两个月一次。一开始都是亲戚，亲戚听明白了，介绍朋友来，有时亲戚也不都走，家里留下十个八个的，待上十天半月的都是常事。

那时候，我们家基本上就是旅店。房子从没装修过，都是纯原生态的，水泥地面，水泥墙壁。那时水泥地抹得很好，溜光锃亮，墙围子都是本色，特别好收拾。

当时打地铺也没有那么多被子，就铺泡沫板。我家有七张8厘米厚的泡沫板，一张泡沫板睡一个人，两张睡三个人。人多时，两张也能睡四个人，整个地上铺的全是泡沫板。晚上睡觉被子不够，大人、小孩的衣服都拽出来盖。家里的书都拿出来当枕头，在地上摆一溜。

人走后，这屋一堆鞋，那屋一堆衣服的，我妻子就开始收拾。被子、褥子等大件，洗衣机根本洗不动，我帮她手洗，然后尽量拧得干一点。好几十双拖鞋，我也帮着刷。有时下雨去外面弄得特别脏，一上午都刷不完。大活我帮着干一干，小活都是张老师干的。

我家亲属也在观察：人到你这来了，看你妻子烦不烦，看她的脸色好不好看，这特别重要。如果张老师给大家脸色看，大家就记住了。说你看我上你这来是怕累呀？还是怕吃啊？咋还不愿意呢？那时钱也紧张，亲戚朋友来的时候，特别是亲戚，你得给买好吃的。

假如我的脸色有点不好看，他们可能会想是在思考事情。大家不会挑我，因为知道我的发心，自愿办这个课堂。但大家会看张老师的表现和她的脸色。

我的姑姑、叔叔、大爷就问："淑范，这么多人来你家，你烦不烦？"张老师乐呵呵地说："不烦。"

我的姑姑、叔叔、大爷们又问："淑范啊，你累不累？"

"不累！"

"这个屋子造这样，你心不烦吗？"

"我不烦。"张老师总保持这种精神状态，我感觉装不太好装。因为你装一时，装不了长久。她总是笑盈盈的，脸色从来不难看。天长日久，见证了张老师的真心。

假如张老师脸色一难看，大家就会研究：这媳妇肯定不愿意了。这么多人给造那样，谁愿意？是不是？你看那地、那床造的。这茬人走了，过几天又来一茬。自从开了课堂，我家亲戚、朋友不断，一二十个都是常事。要是远道的亲戚、朋友来了，不但管吃住，还得招待好。张老师始终都乐呵呵的，做得很好。

好多长辈、平辈都心疼张老师说："侄媳或大嫂啊，你太累

了，快休息一下吧。”

她说：“不累，没事。”总是笑呵呵的。

大家走的时候，也得让他们都乐呵走，拿点吃的喝的。她总是保持微笑，没有生气的时候。如果你脸上不乐呵，人家看你生气了，下次可能有人就不敢来了。人是特别敏感的，你稍微有点不高兴，就会引起大家注意。

2002—2012年，我们转到肇东叔叔家的课堂去讲课。这期间，虽说不在我家办课堂了，但在我表妹家、远望菜库、长海医院都办过，后来各地都不太方便，又继续在我家办。到2014年，张老师也和我一起出门讲课。其实，从2009年开始，我们就陆续在外面讲课了。特别2010年以后，经常去深圳、惠州、梅州、东莞、广州等地讲课。我们俩不在家，家里的课堂就不能办了。

1990—2013年年底，这24年，我妻子是一个合格的服务员。家里家外都是她做饭，伺候人。来课堂的人啥样性格的都有，无论别人如何批评指责、讽刺挖苦，她始终微笑面对，没生过气。我记忆中，她跟老人、哥兄弟、妯娌都没生过气、红过脸，更别说打仗或吵架了，她的性格就这么好。

算起来，我们在家里办课堂24年，再加上在外面这10年，有30多年了。我们只有一个想法：**把传统文化弘扬出去，让更多人受益。**

下　篇

女德篇

第一部分

女子德行养成

第十一章　姑娘成人之道

第一节　姑娘的规范

女子品德教育是指坤道妇理。女子分老、中、少，就是老太太、媳妇、姑娘。

这个道以女子为主，比如说：讲老太太时，老爷子也包括在内；讲姑娘时，小子也包括进去了。姑娘、小子，这么称呼比较匹配，也都是家常话。

一、早婚、晚婚之害

过去人结婚早，有的十三四岁就结婚了。讲早婚之害前，先讲下三戒：

“少之时，血气未定，戒之在色。”意思是男孩、女孩血气不充足时，戒之在色。

“及其壮也，血气方刚，戒之在斗。”到了青壮年时期，血气方刚，戒之在斗。斗就是打斗，好勇斗狠。

“及其老也，血气即衰，戒之在得。”老年时，血气已衰，能力以外的事情、非分之想，不要再去求取了。

1. 早婚的五点害处

第一，早折精血，寿命不长。精血是我们身上的宝贝，涉及我们寿命的长短。若精血有亏，即使寿命稍长点，身体可能也不太健壮。

第二，精血不足，子女不壮。十三四岁的小孩，自己本身还在发育，经血都不足，生出的孩子不会太健壮。

第三，男女恋爱，消磨志气。肾藏志，气血泻了，消磨志气。过早的男欢女爱或马拉松式的恋爱都不合适。

第四，不能自立，依赖父母。自己本身还是个孩子，一些事情自然拿不起来，不能干，也不会干。像走亲访友这些道理都不懂，全要依赖父母，这不是父母之累吗？

第五，年幼无知，父母分神。年龄太小，所学有限，不懂人情道理，像吃喝拉撒睡、婚丧嫁娶这些事，看似很简单，如不明白道理还真做不来。做不来，父母就得帮着做，父母既劳累又担心分神。如果父母心大，放手不管，最后孩子容易惹祸。例如：亲戚朋友来串门了，他不懂怎么招待，不会应对，最后亲戚朋友生气了。

我们学伦理道德，就是要学会善于应事，别让亲戚、朋友挑出毛病。这些道理老人都知道，孩子在未开化时，都要教育，这是正道。

晚婚一般指三四十岁还没结婚。岁数太大或太小结婚，对生育等各方面都不利。

2. 晚婚有五点害处

第一，依家懒散，亲迈愁苦。依靠家里，懒懒散散，家务拿不起来，父母岁数大了，发愁苦闷。

第二，恋爱挑剔，误道伤德。对恋爱的对象，要求要长得漂亮，有才华，还得能为我服务……这不行那不行，非常挑剔。这样容易耽误事业，耗费太多时间和精力。

第三，精血渐衰，子女不壮。古书里有这样的记载：40岁开始，精血渐衰，那么生出来的子女是不是也不够健壮？

第四，接续太晚，借力迟少。按照传统说法，养儿防老，饥谷备荒，父母老的时候能不能借点力？子女能不能伺候伺候？

第五，身心疲惫，教子有亏。比方说，40多岁不像20多岁身体那么健壮，精力也没那么充沛，身体容易疲倦。养育子女，有时体力跟不上，所以对子女教育有亏失。

男大当婚女大当嫁，得有个限制，有个年龄段。一般来讲，别太晚，也别太早。当然，现代人有自己的观点，每个人都有自己的选择，我们不评价。这里只是讲伦理道德传承下来的观念。

二、姑娘、媳妇道

接下来，我们讲讲姑娘、媳妇道的分别：

“大学之道，在明明德，在亲民，在止于至善。”这是曾子《大学》里的开篇句。这里的“大学”不是现在大学的意思。

“大”通“太”或“泰”，是大学问之意，曾子指的大学问就是治国安邦的学问。“道”意为方法、途径。“明明德”，第一个“明”作动词，为彰显、提倡、推广、发扬之意；第二个“明”为正大光明、公正开明之意。“德”是德行和德政，社会风尚。“明德”指好的社会风尚或利民的德政。“至善”是善的最高境界，即至善至美。

总的意思是：做大学问的方法在于提倡和发扬好的德行和德政，在于反省提高自己的道德并推己及人，使人人都能改过自新、弃恶从善，体察民情、顺从民意，让整个社会都能达到完美的道德之境，并长久地保持下去。大学的宗旨在于弘扬光明正大的品德，学习并应用于生活，使人达到至善至美的境界。

那么，要达到“至善”的境界，我们要志向坚定，志向坚定才能镇静不躁，镇静不躁才能心安理得，心安理得才能思虑周详，思虑周详才能有所收获。每样东西都有根本，每件事情都有始末。明白了这本末始终的道理，就接近事物发展的规律了。

在古代，那些想在天下弘扬光明正大品德的人，先要治理好自己的国家；要想治理好自己的国家，先要管理好自己的家庭和家族；要想管理好自己的家庭和家族，先要修养自身的品性。

古为今用，所以我说“大学之道，在明明德，在亲民，在止于至善。”这里面包含姑娘道。为什么这么说？其实，“大学之道”，对姑娘来讲是志为根；“在明明德”，性如棉，典雅温

温，指的是姑娘的性格，姑娘的根性就是要提倡、发扬好的德行；“在亲民”，姑娘在家要有亲和力、有助力，像古人说的能托满家；“在止于至善”，姑娘是家里的贵星，她能在家庭和整个社会弘扬高尚的品德，并能长久地保持下去，这就是姑娘道。

《诗》云：“桃之夭夭，其叶蓁蓁。之子于归，宜其家人。”宜其家人，而后可以教国人。这是讲媳妇道。“桃之夭夭”，桃树高大茂盛，好像媳妇的意，以意为根。意指心满意足、知足常乐，还乐于助人，能做到不计得失；“其叶蓁蓁”，桃树叶子，又肥又大，很鲜亮，这是讲媳妇性如水。《道德经》里讲“水利万物而不争”，媳妇的性格也像水一样，是家庭的服务员，低低矮矮；“之子于归，宜其家人”。宜其家人，而后可以教国人。媳妇能调和、和睦、劝化家人，把家托起来。

古人常讲：“男子有福自身带，女子有福托满家。”女子手托两家——婆娘两家，一手能托一家。媳妇不仅要托满婆家，娘家也能托起来。你看媳妇的作用大不大？托满婆娘两家，这叫光增两门，这对家庭、社会能起到核心作用。

第二节　童蒙训和小姑贤

以上几条我们捋顺下来，再理解女子品德教育就相对容易了。我们先讲一讲姑娘品德教育：

姑娘品德教育（包括小子）：**姑娘性如棉，典雅温温、柔和贞静、勤敏贤孝**。这是姑娘品德教育的主旨，具体如下：

第一，学以《妇女家训》为准则，敏于求知。《妇女家训》，其实就是女子道。在家庭里实行伦理家道，是一种道德信仰。

第二，学柔和贞静，勤于家务。

第三，学贤孝立女品，女德亲亲。女德亲亲，第一个“亲”是指孝顺，第二个“亲”是指父母，就是孝顺父母之意。意思是学习贤孝，注重树立女子品德，孝顺父母。

第四，自学女子成人之道。

第五，学好代理媳妇。姑娘结婚之前，在娘家学习女子品德，学习做媳妇的道，将来做个好媳妇。

讲女子品德教育时，重点强调两点：一是童蒙训，二是小姑贤。

一、童蒙训

童蒙训，是指孩子从出生直到青少年这段时间，要教一些童蒙养正的内容。例如：《弟子规》《千字文》《百家姓》《名贤集》《孔子家语》等，都属于童蒙时期应该看的、学的，这些都是善书。

学习童蒙养正的内容，对这时期的孩子特别重要，好比母

亲甘甜的乳汁，犹如庄稼所需的丰富的底肥。虽然是打比方，但它却是这时期孩子非常重要的精神营养。

古人讲父慈子孝，即老安少怀，这是最重要的。之前着重讲孝道，现在着重说说慈道。天下的父母都幸福安乐，得到儿女的孝行，把儿女培养成贤孝人。子女孝敬父母，成为贤孝人，没有比这更重要的事情，所以孝和慈是一件事。

婴儿出生后，如有甘甜的乳汁，饮食无忧，能茁壮成长。可有的母亲因身体不好或其他原因，导致婴儿没有奶水吃，怎么办？现在条件好，有奶粉。几十年前没有奶粉，即便有，一般家庭也买不起。

有的人家养牛、养羊，给孩子喝点牛奶、羊奶，但小孩往往喝不服。如果牛奶、羊奶都没有，只能喝米汤，或母亲把食物嚼碎，一点一点喂孩子。结果怎么样？年长的都知道，这样喂的孩子脾胃不好，黄皮拉瘦，身体偏弱。

我们把善书比做甘甜的乳汁。小孩刚出生啥也不懂，但是会说话时，**要把善书当作母亲的乳汁一样，喂给孩子吃。**由大人教他将童蒙训的相关内容背下来，记得越多越好。这是从小教的，长大后教不行。就像吃奶，从小就得吃，吃不饱对成长有影响。

我出生时，姑姑两周岁多。我奶奶有病，姑姑不能吃她的奶水。我母亲就把奶水分一半给姑姑吃。当时没什么反应，我照常生长，可到了十五六岁就不长了，直到23岁，我还是一米五。为什么个子这么矮？谁也不知道。我想可能是因为小时奶没吃足。

到了我24岁那年，春夏之交，我居然开始长个儿了，非常不可思议。那一年，我两个月回一次家，在家里土墙上量身高，做记号，划了好几次，每次都比上次高一块。等到年底，我正好长一头高，这都是奇迹。

之前人家都说：这孩子不会长了，就这么高了。当时，我们单位还有个山东人，我俩同岁，一样高。后来他没长，我长起来了。我也弄不明白原因，可能是单位吃得好，其实我也没吃啥，就是普通饭菜。一般鱼、肉啥的，我都舍不得吃。

有一年，杏五二奶牛厂失火，七十二头奶牛全被烧死了。之后食堂天天吃牛肉，我一次没吃过。为啥？嫌贵。多少钱？三毛五一盘。我的伙食费一天三毛五，吃一盘缺两顿饭，我一算，不能吃。我天天吃馒头、大米饭，可能饭菜可口，活儿又不累，我就长起来了。

童蒙训的内容，最好从小就学，长大了可以直接应用。就像我们出生时没吃到奶，大了才吃，老了才吃，是不是不赶趟了？所以，拿母亲甘甜的乳汁比喻童蒙训的内容，可见在童年时期，学习这些经典有多重要。

过去我们种地，用镐头刨个坑，抓一把粪肥放进坑里。之后把玉米种子往粪肥上一扔，用脚一踩。踩结实后，用脚一踢土，再踩上一脚，这样玉米种子算是种到地里头了。种子一见

湿气发芽、扎根，直接扎到底肥上，小苗茁壮成长。

如其不然，刨个坑就把种子下土，不放底肥，苗小时，可能都长得差不多。长大后，有底肥的玉米长得高，没有底肥的长得又矮又细。秋天收获时，有底肥的玉米结的玉米棒比较大，没有底肥的玉米棒小，甚至没长成。

所以我们要高度重视父母慈爱儿女这件事，**除了孝敬父母，没有比教育孩子更重要的事。**

就像孟母三迁，无论家里多贫穷，都不耽误教育孩子。道德慈善上要成长，学习践行五伦八德不能耽搁。

二、小姑贤

好话两头传，坏话两头瞒；要两头德，不要两头舌（蛇）。这舌就像毒蛇似的咬人，有毒。古人说：做姑娘的，在母亲和嫂子之间，不要挑拨离间，要做贤小姑。

母亲有些事儿没做好，嫂子生气了。大姑姐或小姑子，要在嫂子这边说："嫂子，妈表扬你，说你贤良淑慧。"嫂子一听，心里舒服，就不跟婆婆生气了。嫂子有啥问题，当母亲的不愿意了，大姑姐或小姑子要说："妈，生啥气？我嫂子正准备给您做衣服，或买好吃的呢，可惦记您了。"这话一说出来，就不一样了，妈妈心里就高兴了。

先人在祖训里说：

一祖父生五子现在生孙
孙女们大小的女孩一群
群孙女十枝花裙钗织锦
在待字未归时谨守闺门
彼女子在家学妇女家训
学女工习针织作活要勤

这是先人对十多个孙女的教育。

我看过姑姑们在中华人民共和国成立初期拍的黑白照片，那时家里比较富裕。我的姑姑们穿着旗袍等丝织品，头上插着金簪银簪。确实是“群孙女十枝花裙钗织锦”。姑姑们很漂亮、可爱，天真烂漫，但姑姑们都没有起名字，只有小名。

有些书籍，如《女儿经》等都是教育女子的书。只要是可取的内容，就可以学习借鉴。太小的孩子，童蒙训的内容教她背一背，别的不能教了，因为她知识没开。

彼女子在家学妇女家训
学女工习针织做活殷勤

女子除了在家学《妇女家训》，还要学女工习针织。现在没有针织，但有女工，男工也有。家里一系列的家务，当姑娘的都得会做，要能拿得起放得下，做活要殷勤。

勤莫懒少偷闲力行女品

我太爷教育我的姑姑们：一定要勤快，不要偷懒，这是力行女子的品德。勤劳本身就是品德，把品德立起来，照着品德去做。

女子性柔如绵典雅温温

女子的性格要柔和得如同绵软的丝线，文雅驯服，温温顺顺。

我爷爷比我们早半年来黑龙江，姑姑虚岁比我大3岁。我有两个大弟弟，一个妹妹，小弟弟生得晚。爷爷告诉我们：不要张牙舞爪，不要跳跳钻钻，不要乱喊乱叫，要稳稳当当。

因为老人家常说，我们慢慢就控制住了。我四奶曾对我母亲说："侄媳妇，你看你家孩子好像都挺听话。"其实，这跟爷爷管教得好有关系。

爷爷干活时，也让我们跟着干活。那时我们正是童蒙时期，姑姑就要求我爷爷给讲故事。爷爷就说："先干活，干完再讲。"我们干完活爷爷就讲，哪次都不欠我们的，小孩儿就愿意听故事。

我小时候，农村都搓苞米，用一个铁钎一镩，然后用手搓。小孩手嫩，搓苞米手疼，都不愿意搓。一搓苞米我父亲就说：

“来，我们讲故事。”一讲故事就忘了手疼，一搓搓到半夜。你看这个教育方法，用讲故事来“引诱”我们干活。小孩干活时间长了，不但会干活，相对还比较勤快，眼里有活。

现在的男孩、女孩，除了吃饭、睡觉、学习，别的基本啥都不会。我们那时不行，得帮家里做活。养猪时要剁甜菜缨子、白菜帮子，煮一大锅，一剁一两个小时，也挺累。老人说谁剁给一毛钱，想尽一切办法，养成我们勤劳的习惯。我们没说节俭，那时物资匮乏，想浪费都没有东西。小孩不懂节俭，但随着大人就节俭了。

还有一件很重要的事，现在好多年轻人都不知道了，但这是大学问。孩子在气头上，气呼呼的，甚至哭哭啼啼的，这时不能让孩子吃饭，对气管和脾胃都不好。还有，不能让孩子赌气睡觉，精神或性格上容易忧郁。那时的老人不让我们生气吃饭、睡觉，说会做病。

我们小时候，爸爸唱黑脸，妈妈唱白脸，严父慈母。母亲像水，孩子爱玩水，如果溺爱，孩子容易被淹到。父亲像火，孩子玩火容易烧到，都不敢玩火。

在家里，我是黑脸，妻子是白脸。我把孩子得罪后，她去哄，俩人就这样配合。有时候她说：“你管孩子太厉害、太严了。”我说：“小孩不管不行，不能总给他好脸，要不然时间长了他就不听你话了。”这话仔细想想，很有道理。我凶神恶煞，对孩子太严，确实不对，但孩子不管真不行。

我家三个孩子，年龄相差不大。我上班一走，屋里有说有笑。我妻子说："你爸刚走，一会就回来，你们这么闹，他回来得训你们。"孩子立刻消停几秒，看我没回去，就继续闹玩，小孩就这样。等我下班回家，正要开门，还没进门，就听屋里的大姐、二姐招呼小弟，正吵闹呢。我一开门，鸦雀无声。

从小，长辈就领着我们，按照童蒙训的内容教我们，让我们把品德树立起来。

待字女第一在父母教训
第二得各自学女子成人

谁来教学习？第一在父母教训，父母是根，父母责任重大。第二，自学女子成人之道。

大小的孙女们听祖父训

十多个孙女们，要听祖父的训教。

训桂荣与桂和桂明女孙
孙桂芳二代子小项女训
小立子小孙女提名香勤
孙十女大小名祖难记恁

恁还在孩提时全未成人

十多个孙女的大小名，祖先很难全部记住。

人之初性本善天性本近
知识开再教育习学女贞

知识一开化，就教贞洁，从小就教。从小训诲成人，教子婴孩道理。

第三节 修身立品

前几代人在好多地方做得都很成功，能够在社会上做出一番事业，跟先人的伦理道德教育密不可分。清朝之后，传统文化或失传或断层，但我们几代先人头脑里仍保留着传统文化的内容，并且传承、运用至今。

过去的老传统，有些家庭还保留着。比方说，我六叔家吃饭前，四个咸菜压桌，大酱、咸黄瓜、咸芥菜条等，一看就有规矩。过去的大户人家，老人坐在哪个座位，小的坐在哪个座位，都有讲究。这些规矩也是家风。

家里来客人，小孩不许上桌吃饭。可能有人认为不太合适，但从某种程度上来说合理。小孩不老实，不管是否有客人，上去就用手抓菜，实在不好，对客人不尊重。

1973年，我和刘建国等三人，去他安达的姑姑家串门，在那吃的饭。那时干豆腐、木耳、鸡蛋就是好菜了。他姑姑挺好客，看亲侄子去了，炒了五六个鸡蛋。刚端上桌，她家三个小孩上去一人抓一把。我们仨还没来得及制止，孩子们就跑了，我们不能喊，也不能吵吵。

我们仨互相瞅瞅，谁都没吱声。我心里琢磨：这咋整？人家姑姑进屋一看缺这些鸡蛋，不得以为我们仨偷吃了？不一会儿，刘建国的姑姑把菜都端上来了，幸运的是，他姑姑没去看那盘炒鸡蛋。但是在客人面前，这算不算丢脸？客人是不是得寻思：这啥家庭啊，把孩子教育成这样。咱不是讽刺挖苦，但心里肯定不舒服，得寻思寻思。

现在的人特别讲卫生，一些孩子上桌后，不管有没有客人，这抓一把，那抓一把，得用一个人看着，否则一桌人吃饭都不安宁。一会碗掉地上了，一会筷子掉地上了，整得桌子、椅子吱吱嘎嘎响，这样不太好。

小孩的性格很接近天性，自然性特别足。说小孩子是一张白纸，你在白纸上写啥是啥，一点不假。所以，童蒙养正的这些知识，必须都教给孩子。

教孩子时，不要跟孩子解释。让他记住就可以，记得越多越好，最好把书都背下来。好多留守儿童的家长，在这方面没意识到，对孩子疏于教育。等孩子成长到一定年龄，需要运用时，就是空白。像庄稼，没种的空地，不能打粮食，就这么简单。

孙女们学女德修身立品

力行女品，按女子品德去做。学理论孩子不一定明白，主要告诉他怎么做，这是我们大人的学问。如何修身立品？第一，勤于家务。第二，孝敬友爱。“孝祖母顺爹娘女德亲亲，小敬老侄女顺大娘婶婶，爱兄弟亲姐妹作活殷勤。”女德亲亲：孝顺爷爷、奶奶、父母，尊敬大娘、婶婶、姑母、姨母等长辈，友爱兄弟姐妹，这些从小都要告诉孩子。

我爷爷对我们的管教比较严。虽然也有不听话的时候，但我们从小愿意干活，养成了勤劳的好习惯。

在家学女子道立好根本

免后来到人家事事难心

在家修身立品，为未来立好根本。男孩、女孩的根本确立起来，将来才会做人，免得到别人家事事难心，这是真的。

1986年，我大女儿10岁，二女儿7岁，小儿子6岁。过

完年，我们夫妻俩上我叔伯哥家串门。正月串门，一般不带孩子，怕人家给钱什么的，谁家都不富裕，我们就把三个孩子扔家了。那时，一般吃两顿饭，我们吃完饭回来，大约下午四点多。

一进门，孩子们可高兴了。大丫头说："爸，妈，你俩上我大爷家串门，走不一会儿，我大姑、大姑父就来咱家串门了。你俩不在家，我也不能让走啊，得招待客人啊！我站在小板凳上给他们炒了八个菜，妹妹和我弟打下手，还给他们拿酒喝了。他们吃完饭，才走不一会儿。"我俩一听就乐了。不管怎么的，三个孩子给炒八个菜，把客人答对得挺好，我一寻思还行。如果平时我妻子不教，尤其是大丫头，她肯定做不了饭。那时做饭用气罐，不像现在一拧开关，火就起来了。

俩姑娘成家后，经常给我妻子打电话。我接电话时，她们第一句话就是："爸，我妈呢？"你看，就找妈，我马上把电话给我妻子。姑娘一般都和妈亲，有时我也能"偷"听到一点。

二丫头问："妈，烙饼和面用凉水，还是热水呀？"怎么烙饼软乎，我都知道了：要想饼软乎，用温水和面。用凉水和面，烙出的饼硬邦邦。大丫头也问："妈，包饺子和面，用凉水好，还是温水好？"炒菜啥的都问，我听到过好几次。

马克思说过一句话：人，首先得会生活。这个观点非常适合现在的社会。姑娘在家时，家务活儿、待人接物、品德等，哪样儿学不好，到了婆家也不好意思直接问，怕丢人，只能背后问娘家妈。不会做，确实难心。

第四节　良好的管教

有人说：孩子淘气不能管，管就不聪明了。这说法我不赞同。

一、无规矩不成方圆

有一位学友来学习，可能孩子没地方送，就把孩子领到课堂了。这孩子把人家桌子、抽屉、包里的东西全掏出来，整满地，在屋里叽里咕噜地跑，在床上乱蹦。说他不听，管不了，给父母急够呛。

一上午学习三个小时，孩子闹了两个多小时，我们都没学好。一会“啪”一声，一会呼地一下开门进来，你说咋整？这里不是说家长不善良，而是孩子没有规矩，影响大家。

有一年，我家来了个亲戚，带着孩子，这孩子淘得没边。我寻思出来串门不容易，我得容得下他，咋闹也别生气。后来，去其他亲戚家，人家住上下楼的房子，这孩子趁大人不注意，自己上楼了。把电熨斗插上电，又下楼玩。电熨斗底下是木板，

上面是熨衣服的毯子，后来电熨斗把板子烙着了。他爹妈不吱声，孩子这样都没管，等这孩子四十多岁了，可能还那样，没啥出息。

总之，孩子必须管教。现在小孩少，爷爷、奶奶、姥姥、姥爷、父亲、母亲六个大人，哄一个孩子。小孩一哄就淘，撒不开手，一撒手就哭，一哭就抱，什么都给，什么都祸害。按照传统，结合当今社会现状，应当管一管，不然孩子去谁家，都是件挺可怕的事。

如果孩子小时任其犯错，养成习惯就不好办了。等长大再想管，他会生气、记仇。从小管孩子，孩子一般不会记仇。长大后管孩子，不但记仇，将来还不听话。在社会上做错事碰壁了，反过来会恨父母。

如果从小父母不管孩子，天天玩麻将。长大后，孩子不会生活，甚至游手好闲，跟人打架斗殴，最后甚至犯罪了，进了监狱。出来后，检讨这些事时会说：小时候我父母都不管我，我啥也不知道，大了才慢慢懂了。

我们学习了伦理道德，知道孩子从小得有个规矩，犯错之后不管不行，但也不能乱管。

二、依天性而教

我们老祖宗在教育孩子方面非常有智慧。古人讲：不能苦打恶骂。苦打恶骂伤三育，三育包括：根本教、胎教、婴孩教。

性格温柔绵软，坚韧结实，长久不断，聪明伶俐，敏捷利索，小孩都有这种天性，我们要善于培养。从两三岁，会说话的时候开始，到7岁前，小孩都特愿意学习，这就是我们说的天性。

如果父母不知道孩子这种天性，孩子要求学习时，父母都不理会，那就失去最佳教育时机。我们一定要注意这点，在孩子学习这方面配合好。

我妻子教育小外孙女就是这样，孩子要学习的时候说："姥姥，教我学习，到点了。"她看不明白表，你告诉她，她就知道了，特别聪明灵敏。

教子婴孩，这个时期你培养成啥样就啥样了。性格要有韧性、有韧劲。换句话说，就是得有长性，不能说急眼就急眼，好像临风扫地，一会儿冷，一会儿热，叫人琢磨不定，不知怎么做才好，这很容易使家人受伤。

三、管教有方

我大爷当家时，孙男娣女三十多人（指我的父辈），这些人没人管不行。过去家法比较严，虽然有些方式、方法可能不太合适，但不管是不对的。

听长辈讲，中华人民共和国成立前肇东县（街里）有个戏

园子。那时虽没有强制要求姑娘大门不出二门不迈，但一般家长管得都比较严，也都不让姑娘、小子去看戏。

有一年冬天，我几位姑姑没跟家里打招呼就出门看戏了。看完回家，发现大门插上了。我大爷不让给开门，要让她们在外面冻一冻。

后来，我大伯父（四爷的长子）去给这些姑姑们开门。进来后，我大爷叫这几位姑姑先在院子里跑圈。为啥？在外面冻了一会，怕给孩子们冻坏了。跑了几圈，身上热了。进了屋又让她们跪在客厅中间。

这还不算，把在屋里睡觉的姑娘、小子们都喊起来，上客厅陪跪。老人家在教孩子上是有理是十三，无理是十四。意思是说：她们几位出去了，你们会不知道吗？知道为什么不说？为什么不举报？你们知道不说也有错，一起跪。

都跪下后，我大爷问：谁主张去看戏的？主张的人多挨点打，其他陪跪的一般就不打了。冬天在屋子里睡得热乎乎的，被叫起来陪跪，又冷又难受。但这样的教育，给孩子们养成了好习惯：谁走了马上告诉大人，千万不能不告诉。

大家跪了一会儿，我四奶就出来哄哄孩子们，跟我大爷说："大哥呀，你看孩子都承认过错了，也跪这么长时间了，让孩子们起来吧。"我大爷说："你讲情你也跪着去。"给我四奶吓得"噌噌噌"就跑自己屋去了。我大爷的意思是不能讲情。其实，这是我大爷和我四奶配合着演戏，他们都知道讲情对孩子教育不利。我姑姑们一看，谁讲情也不好使，就老实多了。

我大爷再批评教育一会儿，就说："都起来吧。"也就都起来了。不是不给孩子面子，也不是不给我四奶面子。孩子犯错后，谁讲情都不行，就得受罚，就是这意思。我大爷当家当得特别好。

这个故事是我四奶给我讲的。随着年龄增长，有些事都忘了，但这个故事一直没忘。我四奶还说："有时候孩子们也被打手板，当然打不坏，但很疼，这样就会长记性。"

2012年，我的姑姑们有的快80岁了。我们在一起学习时，我五姑说，我大爷曾问她："姑娘们，你们年轻的时候，我对你们管教比较严厉，你们恨不恨我？"我五姑告诉我大爷："知道您都是为了我们好，不可能恨怨。"长大成人后，不但不恨怨，还感激老人家的教育。

四、由德入门

姑娘学习五伦八德，要把女八德学到手。学习女子学问，在于自己。未来在女界中真正成为一个孝女、贤女，姑娘品德的根本就在这里。

男子八德：孝、悌、忠、信、礼、义、廉、耻，孝悌忠信是重点。教子婴孩，教媳初来。

孙年幼有何教家庭教训

教孝悌教礼义教忠教信

从小时告诵话印入脑筋

告，是告诉。诵，是背诵。如果家里的长辈都能按五伦八德去做，孩子跟大人学，慢慢就学会了，所以不用刻意教，理论也不用解释。大人做到了，孩子长大后，自然而然就明白了。如果不明白，有很多解释的书，他一看就明白。甚至不用看，随着时间推移，慢慢就会了。

让孩子多记一些童蒙训的内容，正心修身。培养他们积极、努力、向上的品德，让他们自由发挥，我们大人稍加掌控，这非常重要。

这些话小不懂大成学问

这是一门孩子长大成人，学孝贤、做孝贤的学问。

问圣贤哪不学入德之门

做一个品德高尚的人，必须由八德入门。八德好比八扇门，我们要由此入门。

有子弟若不教光阴胡混

倚赖成败类子虚过青春

孙子小，有何教？在家里孝顺父母，尊兄敬长，勤劳。在家里要听父母的话。出外念书，听老师话，不要和同学打架、发生口角等。**尊师重道，发奋读书，真正孝父母和兄弟能为仁人。**

当父母的，有责任检查孩子书包，看看多了什么？少了什么？如果多了想一想，是不是别人的东西？孩子是不是有偷盗行为？不好的习惯要制止。有的孩子书包都丢了，将来什么不丢啊？说句不好听的，长大心都丢了咋办？这些事情我们都要教育，但万教不离其宗，宗旨始终是五伦八德。

不要让孩子从小养成不良嗜好。例如：在家里不听父母话，特别是有惯吃惯喝等恶习。到社会上不尊重长上，不遵从领导安排。走到哪都是危险人物，危害社会，影响不好。

总之，我们把子孙培养成贤孝的人，就是造福社会。能力小的，尽点微薄之力，做个对社会有用的人；能力大的，做栋梁之材。

第十二章 媳妇齐家之道

第一节　媳妇的规范

媳妇品德教育：**性如水，妯娌和睦，齐心合义，老少合宜（老少皆宜）**，要做到：

第一，孝顺公婆，随心如意，以《妇女内则》为准则。

第二，不调唆丈夫。

第三，相夫教子。

第四，妯娌和睦。

第五，随方就圆。

第六，就低处下。

第七，明理认命。认识当下所处的现实环境，不违背现实叫认命。

第八，知足无争论。

第九，尊敬伯兄（大伯子），善待叔弟（小叔子）。

第十，光增两门。

第十一，做好代理婆婆。

之前讲姑娘学做代理媳妇。这里讲媳妇做好代理婆婆，这是一个提示。女子做姑娘、媳妇时，要注重什么，代理起提示作用。

一、媳妇托满家

媳妇和妻子概念不一样，妻子往往是夫妻间称用。媳妇往往是面对公婆，面向全家。媳妇性如水，水能利万物。媳妇要是清水，把一家人泡得干干净净。如果是臭水，是不是把一家人泡得臭气熏天？

古人讲：水能载舟，亦能覆舟。在家里，如果媳妇生气发脾气，她能把家庭这条船给搞翻。如果媳妇贤良淑惠，通情达理，那家庭这条船就稳稳当当、平平安安。做媳妇不容易，家训说“天堂媳妇不如地狱姑娘，家家是处处然人世风俗”，一点不假，都是这样。

我经常思考，头脑里出现一个意象：媳妇，媳妇，喜气洋洋，面带微笑，乐呵呵地付出。媳妇托满家，能给满家托来福。

古人讲，媳妇有三托：贫以钱托；富以道托；贵以德托。当今社会也是，**有道德、有修养的媳妇，善于托家**。家庭贫穷，如果媳妇有能力，想办法多赚钱，让家发达起来，这是贫以钱托；如果家里很富有，媳妇就通过道来保持，有道才能富有；媳妇想让自己的丈夫出贵，身居高位，能做大事，用什么来托？用德，得有德行。如果没有钱、没有道、没有德，那就

托不起来。

人们常说厚德载物。传统文化，一个“德”字，一个“善”字，一个“孝”字，贯穿始终。仁者见仁，智者见智。只要能圆满地理解这个问题，怎么认为都可以。

做媳妇，最难的是面色。要保持笑盈盈的样子，给人慈祥的感觉。媳妇处于家庭核心位置，全家人都要看媳妇脸色。

我年轻时深有体会，到四十多岁时，彻底明白这个道理了。之前只是理解，但不深透，那时接触的人多数是我们家族的，之后好多亲戚带来社会上的朋友。通过我妻子的脸色，我彻底明白：无论来多少人，住多少天，我妻子始终笑盈盈的，给人春风般的温暖。

别人来家里住，无论男女老少，首先会看男、女主人的脸色。我还差点，因为倡导学习或弘扬优秀传统文化，我一马先当。我愿意这么做，肯定不会不高兴，来的人越多我越高兴。人家就得看我媳妇脸色，如果我媳妇忧愁悲伤，来的人就会琢磨：这媳妇今个脸色怎么回事？甚至娘娘、婶婶都想去问问，互相之间还可能交流。这种事情，很难避免。全家人都看你的脸色，你脸色不好，人家就会有想法，下次可能就不来了。

色思温，貌思恭。面对众人，脸色是否温和？神情是否庄重？女子在家庭里，脸色特别重要。

二、齐心合义

祖训里提到我大祖母：

训五子教六媳妇女全齐

儿媳妇包括姑娘在内叫妇女全齐。

齐家道在闺门和睦妯娌
姐妹和家不散大家同居
惟妇女不读书不明大义
女子有妇女道宜而家齐

当时没读书，后来都读书了。学女德应当学会齐家的道理。齐家，家庭才能幸福安乐，家和万事兴。谁都会说，但做起来很难。

齐家法在妯娌同心合义
归一家心不分老少合宜

心和义是一致的，即在德上齐心合义。妯娌之间，同心合义，相处和睦。夫妻是君子道的开端，媳妇为全家人服务。老

少合宜就是全家老少都欢喜，都欢迎，适合于全家。

三、老少合宜

我母亲就是这样，我弟弟前些年搞伦理道德课堂，家里来了好多人。谁来，我母亲都热情招待，总笑盈盈的，几个儿媳妇没有一个说婆婆不好的。

五个儿前后娶六七房妻
梁氏媳克勤妻抛下二女
热病死二娶潘过门活离
三继娶孝妇来廿三杨氏
配克勤三姻缘有死有离

头房的梁氏大奶17岁嫁过来，20岁得热病去世，扔下两个女儿。二房的潘氏大奶被休了。三房杨氏大奶特别孝顺，我见过。如果没有杨氏大奶，我大爷根本无法收留两个弟媳妇。杨氏大奶贤惠，待人热情，有理不争，心量宽，不计较，真正有仁慈心。

杨氏媳过门来生孙月死
常言说儿与女有损有积

积儿要修妇德告诵杨氏
求儿心在家庭总要孝慈

你盼望开花结子，生儿育女，在家庭要实行孝慈。我杨氏大奶一进门，就有前房梁氏大奶扔下的两个女儿。

孝婆母尽媳道根本培植
慈前女如亲生继母当慈
慈心爱前房的两个闺女
女德行日不亏生子有期

前房的两个闺女多可怜，我杨氏大奶一点说头没有，把我那两个姑姑照顾得非常好，都培养长大了。然后找到比较好的人家嫁出去了，真正把慈心拿出来了。

在杨氏在头前当好嫂子
为一家作表率好好修积
修下福好了尔缺欠前世
出一家入一家男女债离

积下福今生就会好，最终能有个好结局，这是最重要的。

现在很多家庭，都涉及这个问题，这里强调一下：无论是

继父还是继母，不管是谁的子女，只要与你们有儿女的名分，一定要把他们当亲生儿女对待。同样，当儿女的，一定要把继父、继母当作亲生父母对待。这两点太重要了，涉及人生真正的幸福快乐。

第二节　妯娌和睦

我有两位二奶奶：郭氏二奶和李氏二奶，属于嫡姐和庶妹。我太爷叮嘱两位二奶：要如同亲姐妹一样和睦相处，互相友爱恭敬。不要因你大我小，争论不休。吃喝穿互相惦记，互通有无。要真心实意，以心感对方的好处。

这是家庭和睦兴旺的教育，是齐家之道。嫡庶之间，不能因为我年轻，你岁数大，而互相争斗、互相指责。在丈夫面前说三道四，不谨慎，不温和，最后两败俱伤。这里有很多隐逸之事，隐含其中没法说，只能自己体会。当今社会不存在嫡庶之道，咱就不多说了。

一、和睦随顺

接下来说说我的奶奶：

设家教翁父训宋氏三媳

自十五过门来多少年兮

自从来为媳妇幼年知礼

听说道翁姑前无违时时

我太爷、太奶说啥，我奶奶听啥，从不违背老人意愿。

过家日煮茶饭晚睡早起

侍候老扶养小劳苦不辞

我奶奶就是这样做的，能好好行家道，尽其妇职，培植自己的德行。

少懒惰多般勤俭节衣食

媳能守妇女道不越规矩

在好好顺姑心侍候应时

当时我奶奶她们妯娌有六七位。有的在辽宁，有的在黑龙江，不都在一起，但在一起的得处和睦。**当媳妇的，要上孝父母、下慈儿女、中和妯娌，**还得守妇女道，不越规矩，勤劳节俭。平时侍候老人要及时，不能误了时辰，这也很重要。

2015年，我们去广东惠州讲课，需要人帮助维持课堂，或

种点小菜什么的，活儿不多。我们希望我父亲去看一看，去了后，每到中午开饭前半个小时，我父亲就坐在饭堂准备吃饭。因为他老人家平时在家每天都那个点吃饭。我妻子跟我说：“父亲老早坐那等着吃饭，你说是不是不好啊？”我说没关系，他老知道，你别说。我妻子意思是，跟父亲说一声别坐那，不好看。我说：“没事，他老坐那就是等着，也顺便歇一会，你不用管。”

老人什么时候吃饭，什么时候休息，都有规律。我父亲现在也是，每天晚上基本都是八点钟休息，两三点钟起来。起来害怕有动静，都尽可能注意。他老人家看一看、念一念、学一学传统文化经典，学到快六点钟，我弟妹起来做饭。吃完饭可能还学一会，到七八点钟，基本是这样安排时间。

古代，有些人一天要吃五顿饭，就像小孩一样少吃多餐，这样利于消化。**所以，当媳妇的得根据老人的实际情况，随顺老人的心意，这是最重要的。**

妯娌和姐妹睦一家好日

望三媳好好修助吾三子

妯娌和睦相处，一个家庭才能过上好日子。嘱咐我奶奶好好做，助夫成德。女子做的好多事情，尤其媳妇这块，是比较特殊的。

二、不调唆

再说我四奶，22岁来家里。居家过日子，家家都有老少男女，互相之间从不争吵打闹，以大局为重。我们家人口多，都一条心过日子。孩子们还年轻，当老人的就得教育。我太爷告诉我四奶：

莫相那他家的男男女女

女调夫男听妻家得分析

不要调唆丈夫，我们家里现实什么状况，媳妇要清楚明白，千万不要挑拨离间。

哥兄弟之间没成家时，涉及不到分家问题。一旦哥几个都娶了媳妇，成家立业了，有的媳妇吹枕头风，丈夫耳根再软，听了媳妇的话，就容易生嫌隙。比方说她不说哥兄弟不好，而说你看二嫂，你看三嫂，丈夫不分青红皂白，就容易上当。学伦理道德要记住，最重要的是明辨是非。如果不能明辨是非，一传话或一动气，哥兄弟之间容易分崩离析。

比方我媳妇在后面挑拨，我不知实情，听了就容易和弟妹发生冲突。哥兄弟之间，由于媳妇来回传话，闹不和，可能几天就分家了。现在的家庭和过去不一样，我们也不能照搬古代习俗，要结合实际情况。

分家也好，不分家也好，最重要的是哥兄弟、妯娌之间团结和气。我们哥兄弟学习伦理道德三十多年，之前没办课堂，但经常打交道。我们哥几个和她们妯娌几个，没有矛盾，吵吵闹闹全都没有。这跟哥兄弟有关系，跟她们妯娌也有关系，媳妇怎么做很重要。

大家捧一碗饭齐心努力

这是真的，谁想分家，谁就是拆台。哥兄弟之间、领导之间，或朋友之间，五伦都是通用的，绝对不能拆台。给人家拆台，最后拆的是自己的台，你算计人家，最后算计的是自己。所以我们一定要往自己身上归，现在人都知道：一切都是我的原因。“我”是一切的根源，这话有道理。

敬伯兄心忍让冷言热语

在家庭里，要尊敬大伯子，善待小叔子。

女子心能大放少生病疾
翁训媳齐家法兴家教育
媳妇道自家得智慧开愚

智慧开愚，不能太愚痴。啥事想不明白不行，得有智慧。我们的家庭，本是一个幸福和乐的家庭，如果你经营不好，就成苦海，成灾难之地了，这全在媳妇怎么做。

古代文化也好，现代文化也好，主要说的都是家庭如何能和睦。**和睦，才能幸福**。我太爷告诉我的奶奶们，你们好好做，好好修炼女子四德，柔和顺从。

第三节　德感丈夫

我老奶和我老爷订婚早，到了17岁结婚。

想人生男女配乾坤定矣
三生造百世缘今生夫妻
从小配婚姻对少年男女
各认命摊上了好歹贤愚

我老爷年轻时守不住心性，多少有点想法，但由老人教导好了。我老爷的姑娘，都挺好，我的两个姑父不一般，一个在教育部门工作，一个在军队。摊上什么样的丈夫是现实，面对现实，就叫认命，不要偏离现实。

愚化贤歹化好女劝男子

务正业学好人浮华少习

女劝男柔克刚柔声下气

婉言劝苦口说莫抢白词

我们到处宣讲伦理道德，哪天都有学员分享，夫妻关系解决不好，你说谁在道上？谁不在道上？其实都做得不到位，都和伦理道德有距离。

人必须学做人之道，不学真不行。**夫妻一痛苦，孩子也跟着痛苦。**

女子用柔和的语气说话，就能够克制男子的刚暴或刚烈的脾气。男子的性格是什么样的呢？你越激他，他越厉害。你说打吧，女子可能打不过男子，所以柔和低矮特别重要。有人说低矮不了，品德不高、不够，咱得去学。

婉言劝苦口说莫抢白词

劝人，要婉言劝，苦口婆心地劝。为啥叫莫抢白词？白词是什么意思？劝丈夫不能像训儿女那样，一顿损、挖苦、打击、讽刺、敲边鼓，甚至找那些尖端词语，一句话放出去，就像一支箭似的，射到丈夫身上，让丈夫痛苦、难受。那丈夫肯定不服。我们要说温暖的话，**劝丈夫，晓之以理动之以情，说清楚，**

说明白，慢慢劝。

好好劝克权儿成人立志

媳才算贤淑妇儿好赖妻

我老爷变得如此优秀，我老奶很有功德。我两个叔叔，六个姑姑，都挺发达，都挺好。

妻劝夫夫不听德感男的

工夫长感化好自有好时

很多媳妇说："我劝不了丈夫，他一点儿好处都没有。"我们仔细想想：他一点儿好处都没有，当初你找对象咋就找他了呢？工夫长了，用德行把他感化好，要有恒心，时间长了自然就好了。

我们常去外地讲伦理道德，总碰到关于五伦的事，夫妻伦可以说是重点。我们和学员互相探讨，都解决得很好。五伦讲到现在，哪一伦讲完，都有好多人受益。像父子之间，夫妻之间，哥兄弟之间，包括朋友、上下级领导之间不和的，都想办法把他们劝和。

都是居家过日子的事，敬伯伯和嫂嫂老少安膂。家庭和睦，老少才能安心，否则家里不太平。

在甘氏儿媳行天堂好日
为妇女四德行贞静柔慈

做到了就是天堂的好日子，学习四德，贞静柔慈。

第四节　习女则守坤范

最后说一说我姑奶，我太爷的姑娘，嫁到黄家的一个闺女。女在家由父母来教育，长大成人，到别人家了要好好学习，学习什么？学习《妇女内则》，遵守女德。

习女则守坤范女儿在意
莫违背父母教娘家名题

姑娘出嫁前，父母都有一番教育。到别人家当媳妇了，不要违背做媳妇的职责。在别人家一定要竭尽妇职，不要违背娘家父母教你的这些道理。

父贯三在世时教训子女
一个个得像人告诵时时

天堂媳说不如地狱闺女
家家是处处然人世风俗
俗妇女多不明坤道妇理
理不明家分乱难常处居
在吾女日日行自有天地
照善家百事顺一生福积

最后嘱咐女儿，千万要听父亲的教育。**训闺女父女情天性尽矣**。该做的父亲已经做到了，女儿以后好好做吧，成一个贤孝的女儿。

其实，做媳妇特别不容易。在一个家庭里，让老人随心如意，可不好做。

我姑奶九十多岁时开始和我们一起生活，起初老人家喜欢吃什么，我们掌握不好。我和妻子合计完，决定由我去问问姑奶："您看您老人家想吃什么？想吃什么咱就做什么。"我说话之前，老人家没什么特别表情。说完之后，老人家表情严肃，让人感觉有点冷，顺口说了句："那想吃啥，还好说的吗？"这是啥意思？有讽刺打击、训斥教育的意思。

我寻思可能当孙子的问不合适，于是让我妻子去问。她乐呵呵地说："姑奶啊，您看您老人家想吃什么？想吃什么咱就做什么，可方便了，您说吧！"老人家一视同仁，又说了一遍："那想吃啥，还好说的吗？"同样的话姑奶说了两遍，我俩也没

什么反省。

后来老人家又说了第三遍，我们知道自己犯错误了，得反省一下。从表面看，我们好像都是为别人好，为别人做事，其实都是为自己，问题就在这。

姑奶好比大王，咱小王，谁是领导？谁被领导？就像单位里，秘书能问领导你想吃啥，想喝啥，有什么工作要做吗？你这秘书干啥吃的？没眼睛啊，还是没长心啊？在家里，当媳妇也是一样的道理，这是老人家话里的真正含义。

这话有点像开玩笑，其实不是开玩笑，细寻思寻思，就是这样。你要有眼睛、有心，可以自己去看一看、品一品。

为什么父母都知道儿女愿意吃什么，愿意喝什么？当儿女的怎么就不知道父母的喜好呢？我母亲知道我愿意吃土豆丝、土豆片，我妻子愿意吃蘸酱菜。我们什么时候回去，我母亲都给我炒土豆丝、土豆片，张罗整大酱、小白菜、香菜等，说你大嫂愿意吃，回回都这样。

伺候老人，要像父母对儿女那样用心。老人想吃啥我们还用问吗？心里不都清清楚楚的嘛？这其中隐含多大的学问？伦理中没有小学问，都是大学问。

千里之堤，溃于蚁穴。迷眼睛的是大石头，还是小沙粒？沙粒虽小，进眼睛里却受不了。大事也是小事，小事也是大事，事不分大小。

想明白了，我俩就开始琢磨老人家愿意吃啥。饭菜端上之后，她多吃的那个，就是愿意吃的。不夹的，或夹得少的，就是不愿意吃的。她愿意吃的下次多做点，不愿意吃的少做点，甚至不做，这样问题就解决了。

后来，我们问老人家："姑奶，这菜好不好吃？""好吃，这菜好吃。"姑奶很开心。

老人家认为直接说出来吃啥，就是掉价。人家是长辈，当子女的得知道老人喜欢啥，不喜欢啥。再有，就是知道老人家愿意吃饺子，也不能天天包，不然都吃腻味了。这些看似是小事，做好了，家庭就没矛盾。

第十三章　慈母幸福之道

第一节　慈母的规范

女子品德教育包括：姑娘（包括小子）品德教育；媳妇品德教育；老太太（包括老爷子）品德教育。

老太太**性如灰，闲事不管，颐（怡）养天年，太太平服：**

第一，要舍心（一切不管）。

第二，不操心（不出是非）。

第三，当好慈母（无偏无向）。

第四，做好婆母（菩萨心肠）。

第五，做个福寿星。

当好慈母无偏无向，当好婆母如同亲生，做个福寿双全的老人。

一、安度晚年

人老了，应该如何安度晚年？有三点要注意的。

要好好吃饭，好好睡觉。看似简单，实则不简单。好多老人这不好吃，那不好吃，吃饭费劲。还老想事，睡觉困难，睡不着。

力所能及干点活儿，领着孩子玩一玩，讲讲祖先的德行。不要随便管事或干活儿，最主要的是领着孙子、孙女玩一玩、乐一乐。老人过了60岁，没有责任和义务给儿女看孩子。愿意看是老人心慈。不愿意看，儿女逼着老人给自己看孩子，那是错的。

我小时候，爷爷领着我们干点小来小去的活儿，领我们玩一玩，然后坐炕上给我们讲故事。过去的老人家，冬天闲暇时，给孩子们讲忠孝贤良的故事，我都听过。

有的家庭妇女，把家里事安排好，领着孩子去听老人家讲故事，十天八天地连续听，老人一讲讲到半夜。一般白天不讲，怕耽误干活儿，晚上多讲点。

十四五岁前，这些故事我听过不少。忠孝传家久，一点不假。多读二十四孝故事，读少了不能入脑入心。大人孩子一起读，从小让孩子接触忠孝伦理。

老人要有一些爱好。比如书法、乐器、绘画、读书、看报、听听新闻等，或者念个老年大学，这也很好。

从古到今，老人得有一个规范。老人、孩子要做到慈孝，也就是老安少怀。岁数越大越受人尊重。六七十岁以上的老爷子、老太太，不要生气，不要有脾气。古人讲：闲事推一边。啥也不管，坐在床上或炕上乐微微。

二、闲事不管

我爷爷，非常慈祥，闲事不管。要说管吧，就是教育我们，支使支使我们给父母干活儿，教我们如何报答父母恩德。这就算是管事了，别的什么也不管。老人家始终乐呵呵的。

我母亲60岁之后也这样，总是笑盈盈的，真是特别难得。一般情况不说话，更别说管事了。我母亲比较内向，不善言谈。一般你问什么，她就回答一句；你不问，她什么也不说。

我妻子、二弟妹、三弟妹，有啥事跟我母亲一说。该我母亲做决定的，母亲就做决定；不该我母亲做决定，她就说，这事跟你爹说吧，或这事跟你丈夫说吧。啥事谁做主，我母亲分得可清楚了。

当时家里有几只鸡、鸭，我母亲就弄点菜、苞米面，去外面喂一喂，有时候做点活儿，总之，她每天都笑盈盈的。

当时生产队有一个付大娘，比我母亲大几个月。她说："哎呀，老邹二妹子，我们在生产队一起干活儿这么多年，从来没听过你说一个脏字，总是笑盈盈的。"我母亲从来不说脏话。老人家去世时75岁。

我叔叔、大爷、姑姑们总说我太奶婆媳关系处理得好，我就记住了。我和爷爷、奶奶在辽宁，其他几个爷爷、奶奶都在黑龙江肇东做买卖。两边都是家，经常串门来回跑。

家有一老，如有一宝。我太奶一来肇东，七个儿媳妇争着伺候德高望重的婆婆。不是说溜须拍马，都想和老人家亲近亲近。孙子、孙女围一圈，争抢着尽孝。

古人讲：无福不能善终。人就怕到老的时候遭罪、痛苦，又没人管。我太奶一来肇东，街坊邻居都羡慕。为啥？一生的付出得到了好回报。

我们学习伦理道德不图别的，到老的时候，哪怕一年半载，能得到幸福安乐，这一生没白活。

三、懂得后退

我太奶那时六十多岁了，除了教育，说话办事都得往后退了。为啥往后退？你要不退就要遭殃。牢记一句话：长江后浪推前浪，一代新人已赶上。老人该退时不退，后浪就得把前浪压下去。

比如一个公司，新的董事长上任了，原来的董事长不下去，新的董事长怎么上岗？父母年龄大了不退下去，儿女怎么上岗？婆婆不交权，媳妇怎么主持家政？

当老人的总认为儿女不行，就自己行，这就错了。不能倚老卖老，以老欺小。冬天不走，春天怎么来？这问题要搞清楚。

当我们老了，就不要贪恋在家庭中的权利了，放心交给儿女。儿女多的，对哪个放心交给哪个。

为儿女心不舍操持家务

人老了不舍心糊不糊涂

当娘母抚养儿自小爱护

成人了再凭他惦他何如

当娘心不像爹严父慈母

母爱儿时刻刻怕担惊不

可怜天下父母心，老人为了儿女，没有不担惊受怕的。“慈母手中线，游子身上衣”，家家如是。当好慈母可不简单。

不操心家大小不用踌躇

不用左右徘徊，今想这明想那，都放下。就像到了冬天，你就好好猫冬，像蟾蜍、蛇、北极熊等都冬眠。到了老年，就属于冬眠状态。如果北极熊不老老实实冬眠，出来随便溜达，不按照自然法则去做，把体内脂肪消耗没了，还能不能顺利度过冬天？

每个人都有老的时候，老爷子、老太太都是从年轻小子、姑娘、媳妇过来的，跟春夏秋冬四季轮回一样，这是一个过程。不要再纠结这不行，那不中的，将来咋地不关你的事。老人要知趣，要相信儿女能够比你做得还好，一代更比一代强，要牢记。

古人讲：一岁到二十岁是春天；二十岁到四十岁是夏天；四十岁到六十岁是秋天；六十岁以后是冬天，这是自然规律。

人过了60岁，怎么享受，怎么幸福，怎么快乐，你就怎么做。儿女的事别管，只管适当教育儿孙，陪他们玩一玩。

在家里，老人做好家政顾问，顾你就问，不顾你别问。问你啥你说啥，不问别说，别瞎说。这虽然很难做到，但必须做到，不然受伤。

很多单位，尤其是私企，有的人六十多岁，甚至七八十岁了还在当总指挥。打更看门可以，指手画脚不行，耽误儿女成长。冬天把秋天压住了，秋天不能结果。

当一家老太太得会享福
东不管西不管太太平服
少说话少烦恼人老去苦
多说话多讨嫌多是非出
多嘴碎多管事多操心处
多劳心不讨好老来糊涂

太能操心，不是这就是那，又是儿女又是孙子，心上挂一堆破烂。谁谁都挂上，心能不累吗？古人说：心坎上挂笊篱，多捞（劳）。这不是老人幸福之道。老了好好冬眠，好好享福，多好！

第二节　婆媳之道

多少家老太太不慈媳妇

婆婆与媳妇们有不和炉

炉火不和炉，老太太讨人嫌。现在老爷子也上场了，有时也讨人嫌。这不行，特别是儿媳妇的事，老公公不能掺和，老婆婆还将就。这道理得明白，各有角色，各有职责。老了是冬天的角色，别干夏天、秋天的活儿。

一、相互理解

炉火正旺，老太太没事，用炉钩子一擢弄，翻车了。没事就叨叨叨，到姑娘家叨叨，叨叨完走了，姑爷听了不高兴，人家就干仗。到儿媳妇那，像机关枪扫射似的，一撺掇，给人家整翻个了，然后你走了，到处惹是生非。你看这老太太，是不是多出是非？这是儿媳妇不对，还是婆婆不对？多少家老太太不慈媳妇，媳妇可能也不会孝顺，究竟咋回事？互相之间也不明白。

淑媳妇贤婆婆亲亲爱护

两不知两莫怪好歹分出

婆媳之间得互相了解，婆婆喜欢啥不喜欢啥，媳妇喜欢啥不喜欢啥，好歹都得搞清楚。对方是什么德性、什么道、什么性格，要互相了解，那就好办了。如果两不知，谁也不了解谁，就互相怪罪。就像有的人琢磨给马烙饼吃，但马愿意吃草，明白这个道理就好办了。

比方养猪，它吃的东西，你能要求跟人一样吗？各方面境界都不一样。你问桌子：你姓啥？问一天，桌子也不会回答。因为它不会说话，你非让它说。把自己气够呛，把桌子劈两半，它还是不会说话。

当老人的，当媳妇的，得互相了解。《唐诗三百首》中有一首王建写的《新嫁娘词》。我们知道唐朝有名有姓的诗人有两千多人，写了无数首诗。能入选《唐诗三百首》的都不是一般的诗。古人特别重视道德，诗写得再好，如果远离道德，远离智慧，远离忠孝仁义，这诗就登不了大雅之堂。

诗中说：

三日入厨下，
洗手作羹汤。
未谙姑食性，
先遣小姑尝。

这首诗很简单，意思是说：结婚三日后下厨房，先洗手，亲手做菜侍奉公婆。由于新媳妇对公婆的饮食喜好等都不太熟悉，所以汤做好后，先让小姑子尝尝羹汤合不合婆婆口味。此诗生动地表现出新媳妇的好心态，以及她的用心与聪明才智。

如果婆婆问："汤咋这么咸呢？"小姑子在旁边说："妈，我尝了觉得淡，是我让嫂子加的盐。"婆婆寻思是姑娘让加的，就没事了。在家庭中，这就是道、是智慧，过去的老人都明白这个道理。

二、菩萨心肠

真当好老婆婆菩萨心度
爱儿媳如闺女哪有亲疏
婆婆心相当娘儿女爱护
菩萨心不两样媳孝婆公

婆婆要有菩萨心肠，对待媳妇和姑娘哪有亲疏远近？婆婆要爱护媳妇，如同亲生，媳妇要孝敬公婆。

这家法说话了当好婆母
太平平老太太真乐何如

要活学活用，道学死了就是一潭死水。所谓流水不腐，户枢不蠹，能把道理活学活用，就是活水。发生什么事儿都不要害怕，肯定有一条道让你走。

尤其是一些事，表面上看挺难办。反过来琢磨明白，解决好了，就变成一条幸福之路。当然这需要一个熟练的过程，就像一块有棱角的石头，水流过专门冲刷它的棱角。就像做事一样，困难一来，我就知道咋办。困难是让我们增长智慧的。道理在这，道在这。

劝老妻听我话当好慈母
母教育儿正大媳妇信服

慈母教育儿子要光明正大，孝悌忠信都是道德的事情，对待儿子无偏无向，媳妇才能信服。

再莫要多管闲一切家务
事不管债算完再管多乎

你千万别管闲事，我欠你的或不欠你的，这债算完了，再管就多余了。不管，也不惦念不安。

三、姑娘有道

我姑奶的婆家在辽宁省台安县六间房镇，我太爷、太奶住在黄沙坨，相距不远。我姑奶经常回娘家，先到妈这屋，把包撂下，就去嫂子那屋。我太奶说：“老黄啊，你一回来，撂下包就上你嫂子那屋，你不能多陪陪妈呀？”我姑奶说：“妈呀，您还能活几年？以后，我和嫂子们相处时间更长！”

这话对不对呀？谁对谁不对？是不是都对，又都不对，怎么分辨？我姑奶一回娘家，马上跟嫂子和弟妹们打成一片。抱孩子，哄孩子，摘菜做饭，当服务员。边干活边唠嗑，欢声笑语一片，其乐融融。我姑奶走的时候，嫂子和弟妹都说：“老黄啊，这个豆你拿点，这个菜你拿点……”我太奶一看，我这姑娘真挺有道。

当婆婆的得会享福，当媳妇的得会做。小姑子跟嫂子、弟妹处得好，婆媳关系融洽。“哎呀，这给老黄留一份，老黄没捞着。”你看嫂子、弟妹有啥事都惦记小姑子。这不就是在教我们吗？看似简单，其实不简单。

我姑奶一般都是要走的时候，回到自己妈这屋说说话，或晚上陪妈睡觉。如果姑娘一回来，进妈屋就不出来了，媳妇们可能会想：哎，姑娘回来了，这半天不出来，婆婆可能在跟姑娘告状呢。结果我这姑奶直奔嫂子和弟妹，没有这个嫌疑，不给猜疑的机会。

小姑子要和嫂子、弟妹搞好关系。一旦有了婆媳矛盾，嫂子或弟妹一想到小姑子对我这么好，算了，拉倒吧！

媳妇和姑娘，究竟谁能尽孝？姑娘回娘家待一会儿，在家尽点孝，还好顿显摆。嫂子和弟妹一看：你尽孝，你能，你尽去吧。等姑娘走了，媳妇可能会让婆婆难堪，这合不合道？这是用人心办事，还是用道心办事？这道理不明白，你就吃亏。

道在哪？几件事搞明白，智慧就开了，学习有门道。人际关系搞不明白，一切都白费，做人做不好，一切瞎胡闹。这就是过家的道，**过家就是过人，过人就是过道，过道就是过德。**如果不懂伦理道德，道不能行，德不能做，家庭可能不幸福。如能行道做德，家家和乐，社会和谐。

第三节　互相包容

我妻子有个朋友，我们叫她鲁姐。她很明理，做得很好，家里很团结。

一、言传身教

有一年中秋节，鲁姐和媳妇正在厨房做饭。这时，鲁姐的

女儿开门进屋了。鲁姐一看，她女儿拎来一大网兜月饼、鱼、肉、菜、水果啥的，放在门口。鲁姐问：“回来啦？”姑娘说：“回来了。”边说边脱鞋，穿的是带带子的鞋，脱得慢。鲁姐上前拎起网兜，进厨房打开阳台窗户，把东西从三楼都扔下去了。姑娘一看明白了，啥也没说，穿上鞋说：“妈，我回去了。”鲁姐说：“那你回去吧。”一共四句话，事情解决了。

儿媳妇一声没吭，姑娘把扔到外边的东西收拾收拾拎自己家去了。你说这姑娘能不能生气？妈妈能不能生气？这里是不是有秘密？真有秘密。

其实这就是教育媳妇。之前婆婆明白媳妇的心思：中午做完饭，赶快回娘家过节，晚上就不回来了。人家姑娘买这些东西回娘家，也要在娘家过节。婆婆一扔东西，告诉姑娘：不能在这过节。你在这过节，你家公公婆婆谁伺候？这是给媳妇的温馨提示。

媳妇一看，这戏不是给我演的吗？这是杀鸡给猴看呢。我不能回去，姑娘也不能回来，过年过节都如此。媳妇走了，家里老老少少谁伺候？公公婆婆岁数大了，家家都这样，不给老人晒干了吗？媳妇回娘家也不是那么回事呀！言传身教，无声胜有声。

我妹妹动不动就打电话跟我父亲说，过年她想跟妹夫来我家过年，问行不行。我爹说：“不行！你要回来，初二可以，三十、初一绝对不行。”这是过去的老规矩，不一定对，供你们参考。

当然了，你说我家就一个姑娘，一个姑娘半个儿。姑娘过年都去娘家，不去婆家，也不行。鲁姐的媳妇也是独生女，过年她把媳妇的父母都接到她家一起过年，过完年再送回去。这样做，问题就解决了。

就像正数、负数。在正确的道路上走，怎么整都是正的。负数，咋算都是负的。像珠穆朗玛峰的阴面，没有阳光，终年积雪。没学五伦八德，不会做人，就像珠穆朗玛峰的阴面。家道，过人过家之道，**伦理道德就是过家之道**。家道搞明白，终年阳面，鸟语花香，就这么简单。

二、互不添乱

所以，当老太太的赶快撂下，别再替儿女操心了。

妻已经养成了五子六妇
莫管他儿与媳自定前途
如花开各抱本各正一股
再操心自己找烦恼苦炉

自己治理自己那一股，你不要去干涉。

你不信管家事偏向哪股
心怎好好管事好难表出

你看你动了偏向哪股的念头，没人说你好。

有时候公公婆婆，特别是婆婆，寻思帮媳妇干点活儿。这时候其实媳妇心想：这活儿可不用你干，你可别给我干，你干我相不中。婆婆不明道理，偏给人干，干了之后告诉媳妇自己整完了。她意思是：你看我替媳妇干活儿了，媳妇是不是得夸夸我？其实媳妇并不愿意你去干。

就像儿女买一大堆东西，去父母那吃饭，造害完走了。餐具没洗干净，东西归拢不到位，老人还得顿顿吃剩饭菜，有的老人可不愿意了。

我们单位有个年轻人，比较会做事。周末去父母家，买的、拿的是现成的菜，到那就做，吃完剩下的全部带走。厨房原来什么样，用完就给收拾成什么样。

如果不懂这个道理，你带多少好东西，以为自己挺好，尽孝了，其实老人生气。你带着孩子，孩子不听说，搁那一闹腾，老人心烦。

不信你品一品、看一看。有的老人喜欢安静、自由，你一去，他躺一会儿，或休息一会儿都不行。有时候儿女去了，老人一直躺着不起来。儿女寻思：你看我来了，我爸妈就在那躺着。其实，老人坐时间长了坐不住，就想休息一会儿，儿女却不理解。如果不了解老人的生活习惯和性格，你买多少东西，老人心里都不高兴，这是尽孝吗？

还有的儿女，饭菜不太会做，餐具洗不干净，东西扔得乱七八糟，地也不收拾，吃完饭，往那一放，走人了。尤其是过年过节，谁是谁的服务员？谁是谁的保姆？谁伺候谁？儿女吃完饭走了，老人收拾到半夜，把老人累够呛。这是替老人着想吗？你以为给老人买东西了，其实老人根本不想要、不想吃。老人不在乎吃喝，只想儿女顺他们心。

父母说：你别买东西啊，你不用来看我，说多少遍。他的意思是不想让你来，又不能直说，你来给父母乱造。要不你试试，你走之前收拾干净利索的，剩菜剩饭都带走。这样做了，看老人高兴不高兴？

三、相互体谅

我有一个亲友，跟我说她儿媳妇太懒，把她气够呛。我问为啥给你气够呛，因为儿媳妇结婚后，头一天下厨房，她说："儿媳妇不用你做，这点儿饭好做，妈做了，你歇着吧！"儿媳妇就回去了。第二天儿媳妇又来做饭，她又说："儿媳妇你歇着吧，这点儿饭好做，妈做了。"儿媳妇又回去了。儿媳妇一看：这是不愿意让我做饭啊，干脆不做了。也不知道是儿媳妇实在，还是老婆婆没把话说明白，反正从那以后儿媳妇就不下厨房了。

这个婆婆连续做了一个月饭，气坏了，出去跟外面人讲："我家那儿媳妇丁懒丁懒的，啥也不干。一顿饭都不做，干啥啥

不中，吃啥啥没够。”她一讲究，就有人告诉她儿媳妇了，儿媳妇生不生气？婆媳干不干仗？

我问她：“儿媳妇不做饭，是不是你教的？你告诉人家歇着，这点儿饭好做。可能你这婆婆自己当媳妇时，就没当明白。儿媳妇没当明白，说明你当姑娘也没当明白。”

比如，儿媳妇去做饭，婆婆要是明白道理，得这么说：“儿媳妇，你刚结婚，先回房歇着吧。过两天你再做，这两天妈先做。”儿媳妇说：“行，这两天妈做，过两天我做。”这样说明白，不就完了吗？当时等于说了半句话，差半句没说明白。让儿媳妇产生了误解，以为你不愿意让她做饭。

我跟她说：“这不是你教的嘛？你能怨儿媳妇吗？儿媳妇没在这（指在课堂），我没法跟她说。如果她在这，我就会说她：你这当媳妇的太实在了，你也得体贴体贴婆婆呀。”

当儿媳妇的是不是得明白：这是婆婆体贴你刚结婚挺累，先不让你做活儿。这几天先这样，以后你得想办法多做点。婆婆和儿媳妇在互相体谅方面都不及格，产生了家庭矛盾。啥婆婆啥儿媳妇，这儿媳妇也够呛。

四、排忧解难

在古代，儿子不掺和母亲和媳妇的事，这属于串岗。儿媳妇问婆婆：“妈，您看咱们做点儿什么饭呢？”会当婆婆的让一句："儿媳妇，你看你想做啥就做啥吧。"会当儿媳妇的说："妈，还是您说吧，我拿不准，您说！"婆婆说："好吧，做大米饭。"婆媳这样说话，就愉快地解决问题了。

偏疼儿女不得济。这话一点儿不假，你瞧不上的那个，最后就得他济，95%以上都这样。老人最好啥都别管，好管事，最后净出是非。无论偏向哪股，偏向哪个儿女，最后都不落好，没有一个说你好的。在老人岗位上，力所能及做点啥，颐（怡）养天年。

我父亲每天睡得早，早上三点多钟就起来，看传统文化经典，到点就吃饭。冬天天短，也不劳作，我弟弟、妹妹他们吃两顿饭。中午，我弟妹给我父亲做点儿饭，他老自己吃。虽然现在点心、水果种类丰富，但老人还是喜欢吃点汤汤水水的，吃点儿饭、菜什么的。晚上大家一起吃，吃完饭五点多钟。我父亲有看新闻的习惯，看新闻时喝点水或吃点水果，之后就睡觉了。白天去外面溜达，啥也不用买，家里啥都有。

近些年，有这么个现象：有些人专门找老年人，卖给他们保健品。不少人也来跟我说，说有一帮人，动不动整几个鸡蛋、大米啥的，用这些小恩小惠和老人搭话："我就是您亲儿子呀，您儿子不孝顺您，我来孝顺您。这东西可便宜了，吃了身体健康。"哄骗老人买高价产品。有的老人吃了，身体倒不好了，因为那些东西都是假的。老人常常上当受骗，当儿女的有点儿不知所措，也不敢指责老人。

我跟他们说：“不能批评老人，要给他们讲道理。”有的人七三八四地给老人一顿怼，老人气够呛。卖东西的都知道当儿女的心理，事先跟老人说：“东西买回去后，你儿女都不愿意，都得批评指责你，说你这钱白瞎了。”你一责怪老人，老人就寻思：怪不得人家说我儿女不孝顺，都不如他们，他们是真孝顺。

遇到这种事情，最直接的做法是：儿女把钱给老人报了，让他别再买了。一定要和老人好好说，别急眼，不然老人生气。老人最怕生气，身体健康最重要。我们做事要首先考虑：让老人身体健康，安享晚年，不做违背伦理道德的事。

讲这些，就是希望老人过得好，希望天下的老人都能拥有幸福、快乐的晚年。做一个品德高尚或者道德完备的老人，光彩永照人间。

第二部分

女子德行践行

张淑范讲

第十四章　助夫成德

第一节　喜结连理

我是1971年从农村走出来的，当时城里的表姐生病住院，我去照顾表姐，并帮她带孩子。

邹老师是1972年大庆油田子弟招工时参加工作的。他从老家刚出来时，父母嘱咐他的叔伯哥哥、嫂子，给邹老师找一个干净利索、能过日子、不欺负他的媳妇。

1971年冬天，我在医院伺候表姐四十天，有时也在家帮照顾孩子。我一看城里真好，干净暖和。就这样，我每年夏天回老家干农活，冬天拿着鞋帮、鞋底去表姐家住一两个月，边干手工活边帮表姐做家务。快过年才回老家，连续去了几年。

邹老师的哥嫂和我表姐是邻居。时间长了，他们就认识我了，看我勤快能干，干净利索，印象挺好。由于邹老师的父母嘱咐过哥嫂，帮忙给他找个媳妇，哥嫂就注意到我，觉得我还不错，家务事儿都能承担起来，就来提这门亲事。

提完亲，哥嫂安排我俩见一面。邹老师那边有公婆，还有一个大爷公公，我这边是父亲、表姐、表姐夫。因为我母亲身体不太好，交通也不方便，她老人家没来。

当时我们都很腼腆，我都不敢瞅邹老师。那时都有大镜子，我通过大镜子看他。我那时心里单纯，心想如果这门亲事成了，能进城挺好。

刚见邹老师时，他是学徒工，身高也就一米五，还没我高。一些事情当时没想，他不长个怎么办？万一回农村怎么办？表姐说：“这家人特别和谐。”父亲和我都相信表姐。

四奶奶婆怕我嫌邹老师个矮，跟我说：“他父母成家时，父亲个子也矮，后来长高的，邹老师也能长起来。”我当时没想那么多，只想着进城。就这样我和邹老师开始接触，互相了解。到年末，这门亲事就定下来了。

定亲后，我在安达表姐家，他在大庆工作。离得远，交通不方便，一年邹老师也来不了几趟。很长时间才能见一次，一晃三年过去了。

后来真应了奶奶婆的话。1976年，邹老师25岁，我发现他好像个头高了一点儿，谁都没寻思他能继续长。等到年底，他竟然长到1米7多。

虽然他还没转正，但个子高了不少，亲朋好友都很高兴。相亲时，他就跟没长开的萝卜似的，不是现在这样。所以我挺满足，亲朋好友都羡慕说：“你从农村走出去了，找个对象有工作，个儿挺高、家庭还好。”我爸妈高兴，我也高兴。

1976年我26岁时，我们结婚了。刚成家时挺困难，双方父母都是农村的，帮不上我们。他是学徒工，每月十八块五。我

在安达五七厂上班，每月将近四十块钱。成家前，邹老师说得孝顺父母，我答应了。

为了省钱，婚礼我们也没操办，旅行结婚。我弟弟送我到车站，其他一个人都没去。我夹个包就和他过日子了，什么都没有。

成家后，我们在安达租了一个小房，三四米长，一米五宽，像一个长方形的小仓库，五块钱一个月。

房东郭大娘，人很好。我们生活在一个院子里，有什么事，能互相照应，邹老师和家人们也放心了。当时没有孩子，我一个人白天上班，晚上到家烧个炕炉子，因为煤贵不敢多烧，热乎热乎就休息了。那时吃饭简单，有时几口咸菜，一点大酱就是一顿饭，日子就这样过来了。

第二节　做好贤内助

我俩文化水平都不高，他读五年多，我读到三年级，但是他自学能力强。成家前他住了四年宿舍，成家后，又住了六年宿舍，一周回家一次。那时也没嫌苦，还挺高兴。再苦再累，我觉得也比农村强，所以我很满足。

冬天，邹老师为了让我能把屋子烧热乎点，在单位找了个小锯，把柈子和木材割成一尺半长，劈得比筷子粗一点，跟大手指差不多粗细。一条一条劈完捆好，隔一周背回来一大捆。那时在安达市里买一捆柈子几块钱，柴火一毛钱。花筐、橘子筐、苹果筐，劈一筐能烧两周。他背回来，就不用买了，省钱了。那时候过日子都特别仔细。

邹老师在学习上非常上进。他平时不回家，住单位宿舍就是学习。周末回家也带着书，一个兜里装语文，另一个兜里装数学，还写诗。那时没有纸，也没钱买，巴掌大的纸片，都能利用上。

我下班回来，见他在家，坐那专注地学习，顶多跟我说一声“你下班了”就继续写。有时他好像学魔怔了，晚上睡觉，不管啥时来了灵感，猛地就起来写东西。

吃饭时你喊他，他就答应一声。等他思考完或写完了，才想起来反问：干啥？为啥喊我？其实，饭点都过了，饭菜早凉透了，我就再给他热。他学到这种程度，所有家务都顾不上。

后来，有了大丫头，邹老师也转正了。怀大丫头四五个月时，我还挑水，那时没有自来水，都是压井。有时挑水碰着同事，他们就说：看你身板都这样了还挑水，你家人呢？我说上班没回来。冬天有冰雪，路很滑，大家都告诉我注意点儿呀。就这样，挑了好几个月水。后来，邹老师心疼我，他一周回来一次，给我挑满一缸，再另外拎两桶，能用一周，这样的日子有四五年。

我们1976年成家，我理解他、支持他，到现在也是如此，必须做好贤内助。我寻思我文化浅，别的做不好，家里的事尽量不让丈夫操心。

我当年上学时，一二年级家离学校很近，赶上下雨或家有什么事，来回跑赶趟。上三年级时，学校搬远了，离家六七里地，我就不能上了。

所以，邹老师学习，我全力支持他。我没文化，以后孩子上学，他能辅导辅导。再有我吃过没文化的亏，在五七厂干活，领导想给我个好活，让我写写算算，我拿不起来！

我跟他说："你学吧，不学习不行。"他也意识到学历不够，什么都干不了，所以他刻苦学习。他辛苦，我也很辛苦。后来，领导安排他干什么，他都能做好，我没白支持他。

我和邹老师从来没看过电影，也没逛过街。结婚前，他都没上过老丈人家。他专注学习，我挺高兴、挺自豪，没有烦恼。

亲朋好友，特别是舅舅、舅妈、表姐，对我说："淑范啊，你挺有福，你看他自学成才，知道过家，个头还长高了，也转正了，双方父母都挺省心。"听他们这样说，我更知足了。

转正后，邹老师还住宿舍。我每天背着孩子上班，那时条件真差，想给孩子买点儿好吃的，根本没钱。父母也都是省吃俭用，比我们还苦。

大丫头三岁时，想给她做件小棉袄，当时手里只有三尺布。里子是用表姐给的破布单和衣服拼凑的，前、后心加上后背，两个袖子，好几种颜色，还带补丁。

我想做个二层被里，也是拼凑的，补丁压补丁。总体来说，我觉得挺好，我们家很和谐，不生气，不烦恼，任劳任怨过日子，双方父母很省心。

那时邹老师每个月挣十八块五，我挣四十块钱，我得资助他。他在外边赶上谁家婚丧嫁娶，随礼办事啥的，他那点钱根本不够。

当时礼金最多二十块钱，还有十块、五块、两块的，农村有随一块的。赶上他随礼没有钱，我得给他点。有时他宿舍的床单坏了，我还得省钱，给他买个床单。

后来，邹老师跑通勤。上、下车的地方离家还很远，来回走很辛苦。我省吃俭用给他买辆自行车，大金鹿牌的，这样他早晚来回走能节省半小时时间。

后来，邹老师单位给分房了，但我们还是两地生活。有了二姑娘，我就不能上班了，俩孩子相差3岁，不能背一个、领一个去上班。于是，我辞掉工作，来到大庆，住到单位分的房子里。1980年年底，我们一家人终于团聚了。

虽然搬到大庆，条件也不好。邹老师的学习桌就是一张四四方方的大铁皮，焊四条腿。他要考电大，借一大摞书，没日没夜地学。下班后，去趟卫生间，洗洗手，喝口水，马上进屋学习。

家训中讲：“教子法在平常教诲蒙养。”教育孩子，他很严

格，他唱黑脸，我唱白脸。我性格比他好一点儿，不那么强硬。对孩子好，对每个人都好，不会生气。

有时在屋里，仨孩子嬉笑打闹。为了让邹老师安心备考，孩子放学吃完饭，不管中午还是下午，我都领出去玩。

孩子想进屋取东西，我告诉他们进屋别出声，别打扰你爸学习，孩子们都挺听话。这一个月他很辛苦，我什么都不用他管，考完试一切恢复正常。

有时碰到邻居和朋友，他们问："你家先生是干什么的？你们搬来这么多年，咋看不着他人呢？在外地啊？"我就笑了，说："他不在外地，成天在家学习。"邻居都说："哎呀，你家这人啥学历啊？是搞科研的吧？"我说他学历不够，想自学成才。

亲朋好友也问我："他不管家，你不生气吗？"我心想：我生啥气？我跟他成家，就要死心塌地和他过日子，不管什么样，都要同甘共苦到老。他这么学，也是为这个家，我就把家务全承担起来。

后来，我在幼儿园找了份工作。要按时去，按点走。早上时间很紧张，我得送三个孩子上学。有时邹老师不吃饭，我一遍遍召唤，还不能跟他急眼。我也不会急眼，不会发脾气。我脾气好在亲朋好友面前是公认的，何况丈夫是天。因为我没有不良情绪，也没落下什么毛病。

日子虽然清贫，但各方面都在转好。我的工资一点点涨，从四十到七十多，到一百五，与条件好的人家相比不行，但比农村强。邹老师的工资也一点点往上涨，我很知足。

我每天接送孩子。单位同事说："你一人带仨孩子，挺苦、挺难，还要照顾双方父母（其实帮不上啥忙），多累啊！"我说："不苦，挺好的。"我没有怨言。

第三节　宣讲文化

我和邹老师相识45年，他的全部精力都用在学习和弘扬传统文化上。我俩没为社会做什么贡献，就做了这点儿小事。有时间到处讲讲传统文化，劝说劝说有需要的个人和家庭。

我非常感谢表姐和表姐夫，把我从农村拉扯出来。感谢哥、嫂让我认识邹老师，拥有一段好姻缘。

结婚前跟邹老师相处时，他问我："以后成家立业了，得孝敬父母，养活父母，你同意吗？"我说："你放心吧，人都有双重父母，必须尽好孝道。"他说那就好。我心想：父母早嘱咐过我这些了，这就是我家的家风、家教。

到了婆家，我亲眼所见：邹家上上下下都学伦理道德。公婆等长辈们做得都特别好，在当地都被传为佳话。

对照前辈，我时常反思自己，很多方面，自己做得不好。在双方父母身上我没尽什么孝道。要说有一点点能让自己满意，

那就是做到了顺父母的心。我从来没惹过父母生气，没让他们为我担心、忧愁，和弟弟、弟妹没吵闹过。

成家后，邹老师经常给我讲孝道，父母也嘱咐我尽孝道，亲朋好友也在行孝道。孝道能使家和，但要从我做起，说着说着考验就来了。

第十五章　伺候姑奶

第一节　丈夫背回了姑奶

1989年腊月，邹老师去鞍山的亲戚家串门，背回来一个姑奶，也就是我公公的姑姑。邹老师事先没和我商量，就把老人家背回来了。那时一般人家没有电话和手机。单位有电话，但来回传话也不方便。邹老师突然把老人家背回来，弄得我措手不及。

姑奶名字叫邹淑清，89岁。她说她要回娘家，哭喊连天地让邹老师把她背回来。邹老师扛着一个大麻袋，里面装着老人的被褥和衣服，一个人把姑奶背回来了。

一个老人，一个大麻袋，实在是背不动。在哈尔滨倒车时，邹老师求一个当兵的帮忙，这才把老人家送上车。邹老师一个人把老人背回来，非常不容易。那天是腊月十一，北方已经很冷了。老人家冻得直哆嗦。

姑奶到家时，我正在幼儿园上班。大丫头跑去找我，气喘吁吁地说："妈妈，你啥时候下班？我爸回来了，让我叫你快回家。他背来一个老奶奶，白头发，脚是那样的，你快回家看看吧。"

我惊讶地说："今天我是晚班，六点才下班，还得等一会儿。"孩子又说："那脚和咱脚不一样。"那时候大女儿13岁，她没见过“三寸金莲”，比较好奇。

我让大姑娘先回家并转告邹老师：我现在不能走，得把两个小朋友亲自交到家长手里，不然园长和家长会有意见。让她爸先烧点儿水，给姑太奶倒点儿热水喝。

回家路上，我寻思：突然来个老人，我有一定压力。但不管什么原因，老人家既然来了，我就得欣然接受，无条件支持丈夫。我从来没埋怨过邹老师：你咋把她老人家背来了？也没因为他把老人背来，我要多干多少活儿而指责他。一直到姑奶走，这些话我从没说过。

一到家，我就做粥。吃完粥，安排老人睡觉，从辽宁到黑龙江，一路颠簸，老人很累，也冻得够呛。

邹老师说他在沙发上睡，我和姑奶一个屋，孩子们一个屋。临睡前，我给姑奶倒好水洗洗擦擦，结果老人就不睡觉了。我寻思老人怎么不睡觉了呢？我去叫邹老师，说：“你快点起来，姑奶是不是冻感冒了？咋不睡觉呢？”他说不是，姑奶在家就这样。一听这话，我心想：在家就这样，这以后我怎么办？那也没办法，既然姑奶来了，我就陪着吧。

第二天早上，我四点多起床做饭，给姑奶冲鸡蛋水。出门前，我得把大家都安排好，鸡蛋水保温，做好的饭菜放锅里。那时候没有微波炉，就一个大马勺，一个锅做饭菜，一个铝壶烧水。

邹老师一学起习来，什么都不会做，甚至水开了，他可能

都不知道。所以鸡蛋水我要提前冲出来，跟邹老师说：“等你起来鸡蛋水要是凉了，你热一下再给姑奶喝。”然后送三个孩子上学，邹老师和我都得上班，这就是早晨的情况。

那时幼儿园是公立的，早六点签到，分秒都不能差。保育员到位，家长才能送孩子，咱不能因为个人原因耽误家长上班。所以，我得提前十分钟出门。

第二节　姑奶的趣事

一、要人挨着她睡

第二天晚上，邹老师弄回来个单人床，跟原来的双人床并到一起，就像大车店那种炕。晚上睡觉时，老人家不让我挨着她，她可能跟我不太熟，让邹老师挨着她，让我睡外边。

我寻思：邹老师每天从事脑力劳动，我体力劳动多，他要是晚上休息不好，脑袋肯定会混浆的。虽然心疼丈夫，但也要顺老人的心，就让丈夫挨着姑奶睡。

过了一周，老人家说：“孙子媳妇，你挨我，叫我孙子上那边睡去。”我寻思：刚开始老人可能怕我嫌弃她，先考验我，后来看我对她很好，就让我挨她睡了。自从我挨她睡觉，那故事一次比一次精彩。老人离开我们将近30多年了，现在回想起来可有意思了。

二、心存戒备

讲个小故事，老人家大老远来到黑龙江，身上肯定带点钱。姑奶睡觉前，我先把床铺平，被捂好，水倒上。她趁我围着她转时，把钱掏出来压到枕头底下，故意让我看见。

老人每天重复做这个事，持续了一个月，后来就不做了。可能姑奶看我也不生气，还是乐呵呵的，没有一点儿情绪。别看姑奶岁数大，她不糊涂，心里可有数了。

姑奶是腊月十一来的，腊月十六是她生日。姑奶的侄子、侄女，还有其他亲属都来给老人家过生日。还有些亲属平时经常来看她，人总是不断。有时给老人留些钱，说让我们给老人买点儿好吃的。

一开始姑奶防备我，后来就不防备了，还把她攒的钱拿出来给我。她说："孙子媳妇，你把这钱给我放起来吧，给我留点儿零的就够了。你看家里、孩子们需要买啥就用吧。"大家看老人的礼节，告诉我给她留零的，整的我有需要就拿去花。这事挺有意思，我用一颗真心感动了老人。

孝道难不难做？其实不难。我们对老人的孝心有了，再加上平时的言谈举止，包括和老人说话的态度、声音、语调、脸

色、表情等，处处体现这个孝。

三、让我把备用被子拿出来

有一次，二姑（姑奶的二姑娘）和姑奶的好朋友，一起来看姑奶。这位好朋友原来和姑奶是老邻居，关系很好。听说老人搬来黑龙江，很惦记她，就和二姑过来看看。

那时家里条件也不好，我们家两个大人加三个孩子，一共有六床被。多出一套被褥，是预备来人用的。如果家里的客人多，就两人盖一床被，最后可能三个孩子盖一床被。

我二姑说："淑范啊，我妈到你这来，给你们增加了不少负担。你俩都上班，还有三个孩子，家里又经常来人，你可真挺难的！"我说："二姑，老人喜欢这儿就在这边，您放心，肯定没事，我会照顾好老人家的。"

后来，家里老来人，就又做了两床被。做了这两床被，还有一个好玩的故事。我有时也分不清姑奶是糊涂，还是明白。

有天中午，我下班回家准备做饭。做饭之前，我必须到姑奶屋里看看，扶她去趟卫生间，我再洗手做饭。

过了一会儿，姑奶喊我说："孙子媳妇，你来。"我说："干啥呀？姑奶。"她说："你来，你把我姑娘她们做的被子拿出来。"客人走后，我就把被子归拢到柜子里，来人再拿出来。但她不管这些，就让我拿出来。我说："拿被干啥呀？这也没来人。”说完，我回厨房继续做饭。

过了三五分钟，姑奶又大声喊：“孙子媳妇，我跟你说话，你没听见吗？让你把被子拿出来。”我赶紧回答：“我听见了，姑奶。被子拿出来要干啥？您冷啊？您不有被吗？”她说：“不是我冷，我爹我妈冷，得给他们盖上。”您说这难度多大？

上班的人都知道：中午休息时间有限，回一趟家可紧张了。加上幼儿园对时间要求很严格，一会儿我就得接班。于是，我装作没听见，继续做饭。

没几分钟，老人家在屋里又喊起来了。我怕她喊大劲着急上火，别因为我不顺着她，惹她生气，也怕她寻思这孙子媳妇咋招呼不动呢。

没办法，我就从柜子里把被拿出来，她这才高兴。所以，尽孝一定要顺老人的心。

四、把画星当记账

还有一次，鞍山的二姑、叔叔、大爷们来了。我记得那天是礼拜天，正赶上我休息，能好好招待客人，做饭不用那么着急了。

二丫头跑过来跟我说：“妈，我需要你帮忙，明天老师让交作业，我交不上。”我说：“交什么作业？妈不会算，也不会写的。”她说：“妈，这个你能会，画五角星，我上次交的不合格。

老师说我画得不够好，这次你帮我画吧。”我就在写字台上帮孩子画五角星。

卧室里，姑奶、二姑还有其他亲属都坐在床上，大伙围一圈唠嗑。这时姑奶说话了：“你看你们都来了，孙子媳妇烦了。怕你们吃她家的，在那旮给你们记账呢。”我当时什么也没说，只是微微一笑。大家都知道我在帮孩子画五角星，知道平时我做事什么样，也知道我不可能记账。

老人家这么一说，屋里没人说话了。为了缓解尴尬，我就去厨房准备饭菜。二姑有点儿不好意思，跟着我进了厨房，拍拍我肩膀说：“侄媳妇，我妈糊涂了，你千万别生气。”

二姑怕我生气，来安慰我。我寻思像这样的事太多了，哪会生气，就微笑着说：“没事儿，二姑，您放心吧！这事不用挂碍。老人家有时说话就这样，我都习惯了。”这就是低矮柔和生出来的和气之道。

姑奶平时总夸我说：“我这个孙子媳妇才孝顺呢，可好了。”可时不时地，她就给我们演一场，像记账的事，但这些我都不在意。

五、不许我们上桌吃饭

姑奶的趣事可多了，下面的故事更有意思。一般我中午回来，都先到姑奶那屋报到，看看老人家有什么需要。如果没有，我就去做饭，十一点多饭菜就做好了。

这时老人家说："孙子媳妇，你放桌子吧，有客人来了。"我惊讶地问："哪有客人啊？"我只看见她自己在床上坐着。她这样说，你怎么想？是不是有点儿吓人？

不一会儿，孩子放学了，饭菜也上桌了。她说："谁也不许上桌，等客人吃完，你们再上桌，我先陪客人。"你说这有没有意思？一个人没有，还不让上桌。

下午孩子要上学，我要上班，饭做好了不让吃。我寻思：不让吃，就先等着吧。虽然心里有点儿着急，但着急也没用，更不能惹老人生气。在老人面前咱们就得委曲求全，不能跟老人吵，也不能跟老人闹，得顺老人的心。

过了一会儿，我问姑奶："客人吃完了吗？"她说："没有，你们再等一会儿。"这时邹老师也回来了，我寻思我没说动，让邹老师去跟姑奶说说。三个孩子在厨房都有点儿着急了，从这屋走到那屋，大眼瞪小眼的。

三个孩子比较孝顺，他们不敢发脾气，也不敢给我们脸色，就耐心等姑奶发话。邹老师去说，也没好使。姑奶还是说："有客人，得叫客人先吃，大人、孩子不能上桌，我得陪着呢。"筷子都给摆上了。

我说："既然不让吃，就别吃了，再等一会儿。"就这样，三个孩子也耐着性子等。过了一会儿，姑奶说话了："孙子媳妇、孩子们，都来吃饭吧，客人吃完了。"

当时我认为：姑奶年龄大了，不管有什么要求，顺着她，顺者为孝。更不能给她脸色看，孔子讲“色难”。最后挺好，大家都吃完饭走了，谁也没迟到。

六、让我把馒头送到外面

更有趣的故事又开始了：一天中午我回到家，还是先去姑奶屋里看看，看没啥事我就去做饭。油锅开了，刚要炒菜，她就在屋里喊我。我说：“干啥呀，姑奶？”姑奶说：“你赶快过来，把油锅关了。”我感觉老人很着急，就把火关了。

到了姑奶跟前儿，她和我说：“咱家还有没有馒头了？你给我拿点儿来。”我说：“您要是饿了，我给您拿糕点吧！”她说：“不是我吃，你看外边那些穷人，饿得都打起来了，你给他们送点儿去。”

学生要放学了，邹老师要下班了，我这饭还没做好。我借着找馒头的理由，回到厨房，把菜下到锅里，一边做菜一边应和着：“您等着啊，姑奶，我一会儿就给您拿。”

就这样应付到11点，邹老师回来了。我说你快点儿上屋，他问干吗？姑奶叫我拿干粮、馒头，送给外边的穷人，说他们吃不上饭都打起来了。邹老师去安抚姑奶，我在这边做饭。你说这难度大不大？

我害怕有时候自己达不到姑奶的要求，她再自己下地弄，因为她脚小，得扶墙走、扶墙站，她摔坏了怎么办？

邹老师劝也不行，他说这真是没招了。之前姑奶都跟我说两三遍了。我就跟邹老师说：“不行就按姑奶说的做吧，厨房有馒头，找个小盆放几个馒头，先端去给她看看。按她的指示送到指定地点，待一会儿再回来，她就高兴了。”大家说，这些事有没有意思，都发生在中午，就像在考验我。

第三节　顺老人的心意

这就是随顺老人的心意。如果女人能做到谦卑忍让、柔顺和气、随方就圆，每个家庭不就和谐幸福了吗？你要跟老人犟，任她喊，不由着她，她就生气了。老人容易着急上火，容易揪住一个事儿不放。咱们做小辈的得顺着老人的心意。

能做到“顺”不简单，由着她就是顺，这里也体现了“孝”。我们按她说的做，不管对不对，让她安心，她不挂碍了，这就是顺者为孝。

一、调换工作

有时我们上班走了，姑奶就悄悄下地。等我九点半抽空回

来时，她正在地上翻东西。姑奶的东西我都给她搁写字台里，我寻思放一起好找。我问：“姑奶，你干啥呀？”她说：“我要走了，我爹妈来接我了，我的装老衣服得拿着。”我可不放心了，怕她下地摔坏了，怕她把门拧开走了。经常一回来，满地都是东西，我就得花时间归拢，放回原位。说不上哪天她又掏出来了。

老人家90多岁了，安全起见，不超过两小时，我就回家看一眼。扶她上趟卫生间，给她倒点水什么的，然后马上再回去上班。这样一两次还可以，时间长了，园长很为难。我就跟园长说：“武园长，我想让您帮我个忙。”她说：“张姐，啥事？只要我能做到肯定帮。”

我说：“我家来了一个老人，90多岁了，我要看班就抽不开身。要是在食堂工作，我可以早点去，或多干点，中途能抽时间回家照看一下老人，不瞅瞅我不放心。老人自己在家三四个小时真是挂念，要是出点儿什么事，家里没个人，没法交差呀！”

武园长很体谅我，因为她也很孝顺，后来她给我调到食堂工作，我十分感谢她。

二、困死也不能睡

不知不觉姑奶来大庆快三年了。年龄大的人一般都睡觉轻，90多岁的姑奶更没有那么多觉，有时连着三天晚上不睡，有时七天不睡。老人睡不着就总折腾，有时还得开着灯。姑奶的女儿二姑说："侄媳妇啊，我妈这一天天不睡觉可磨人了，原来就这样，真是没招！"我笑着说："这人老了，没有那么多觉是正常的。"

我也经常熬得头昏脑胀，真缺觉啊！白天想休息一会儿，但在幼儿园上七八个小时班，根本没时间睡觉，回来还得给孩子织毛衣，洗菜，做饭。家里来客人，更是手脚不闲。大丫头上初中时，我还纳鞋底做鞋呢。那时工资低，我们生活就靠那点儿钱，真是没钱买呀！

天天这么熬，时间久了，身体很难受。幼儿园的孩子太小，都不太懂事，一举一动都得盯住。要是愣神溜号，孩子们不小心磕碰到胳膊腿，不好向园长和家长交差。

我一般是早上六点的班，那两年熬得有点儿神经衰弱，再加上头不舒服。邹老师也挺心疼我，小声说："你去大屋沙发上睡一会儿。"我就到沙发上休息。

刚躺下没有十分钟，老人家就问："你媳妇干啥去了？"邹老师说："她上厕所了。"过几分钟没动静，老人家就开始骂："这他妈的小兔崽子，这小瘪犊子。我孙子孝敬把我背来了，你他妈还烦了，明天你给我送回去。"妈呀！我一听这话，我就是困死也不能睡了，我马上就起来了。

我寻思：老人家要是真生气了，她一宿都不带睡觉的，得没完没了磨叽邹老师。要是着急、上火，生病了怎么办？我困点儿能怎么的？她要真不睡觉，拼命要回家，硬往外走，可怎么办？

就这样，我马上到她面前解释：“姑奶，我去卫生间了。”我要不这么说，就把邹老师装进去了。我解释一番，姑奶说：“这就对了，我寻思你不能不伺候我。”她就把话拉回来了。

在睡觉方面，她没少给我出难题。有时我困得不行，睡着了，她就把我被子掀了，往我脸上吐唾沫，还生气地说：“你睡什么睡，要死了，整天睡！”你再睡，她就把灯打开。第二天，你是给她脸色看，还是跟邹老师干仗？

我觉轻，那几年，每天晚上多说能睡四个小时。我还有点儿怕灯晃，晚上点灯睡觉，有亮也睡不好。如果我用被子蒙上眼睛睡，那她就急眼了。在她跟前，不能蒙眼睛，想睡就开着灯睡。要蒙上，姑奶就往我脸上吐唾沫。

晚上我非常困，眼睛都睁不开了，想早点休息，因为第二天还要早起，给大家做饭。一次晚上十点半左右，我刚躺下没几分钟，姑奶拿着小锥子在我盖的被上使劲扎我，我怕她扎着脸，蒙上被。她把被子掀开，边扎边说：“瞅瞅你这身上乌烟瘴气的，我给你把它们扎走。”就那样一次一次的，小问题不断。我们也得理解，她岁数大糊涂了，但当时我很害怕。

不知是巧合，还是老人家故意的，邹老师隔几天值一次班，姑奶专挑他值班时解大手。大手不能坐痰盂了，因为陶瓷的痰盂凉。买了个塑料的，硬度不够，坐上去时间长了变形了。所以解大手，就得扶老人家去卫生间。

姑奶一般十点钟要睡没睡的时候去解手，有时我困得直磕头，问姑奶："完事了吗？""没有，你是不是困了？"她体贴你。我说："不困，没事，你上完咱俩再上床睡觉。"姑奶说："上不出来了，孙子媳妇，走吧，咱俩睡觉吧，耽搁你睡觉了。"她还很体贴你。后来我一想，老人对待我们，不管亲疏都是慈的。她也很体贴我。

那时经济条件不好，说不好听的，一分钱都舍不得花。虽然已经有胶皮手套了，但舍不得买。姑奶蹲一个多小时，我看不行呀，实在没办法，我用手给她弄出来了，这才上床消停睡觉。

三、委曲求全

姑奶岁数大了，腿软站不住，所以每天早上给她打一捧洗脸水端到跟前。她洗脸就一捧水，不让浪费，要是打多了，不管你多忙，都得把多余的水倒回去，老人家非常节俭惜福。其实这就是教咱们节水，给咱们做榜样。

姑奶用卫生纸也很节俭，舍不得用，一层层揭开用。后来我和邹老师一看不行，揭开后太薄，一吐点痰碎了，弄得哪儿都是。我们就告诉姑奶，使这个纸不用揭开，她说浪费。你看她多节俭，后来没办法，就给她拿个罐头瓶当痰盒。

老人年龄大了，用痰盒也弄得里外都是。我和邹老师在家，几乎都是我们俩倒。有时候忙不开，大姑娘和老二给姑太奶倒痰盒。有时还要刷一下，因为痰黏难闻，孩子就捏着鼻子。我

和他爸看到后就说：“你们不能这样。人都有老那天，爸爸、妈妈老了以后也吐痰。你们要这样嫌弃，叫别人看见，让人笑话，这是孝顺吗？”

古人讲上行下效，我们身体力行做孝道，不嫌脏，不烦恼。有时我和邹老师上班走得急，两个女儿没少给她们的姑太奶梳头，帮着洗脸，穿衣服。

说到节俭，也算是姑奶那一代老人普遍具备的美德，我们要传承下去。我们嘱咐孩子不浪费水，不浪费纸。花钱是小事，如果大家都这么节约，那对生态环境来讲也是一种保护，对社会不也是一种贡献吗？

因为家里总来人，人走后，我就开始洗洗涮涮。姑奶就说：“你别那么爱干净，总洗衣服。”我说：“姑奶，这衣服弄脏了要是不洗，下次很难洗，还费肥皂。”其实她是不让我浪费水，也是怕我累。

二姑给她镶的牙她不带，牙床都磨平了，只能吃软的。平时总坐着不活动，所以她容易便秘。有时候给她冲鸡蛋水搁蜂蜜，蜂蜜不管用换成香蕉，有时搁香油。菜熟了，先盛出一碗我们吃，留一些在锅里加点汤炖一会儿，给姑奶吃软乎的。

有的单位同事问我：“张姐呀，那老人是你奶奶婆，还是你老婆婆呀？你对她那么好！”我说：“都不是，是我姑奶奶婆，我公公的姑姑。”“哎呀，你们想干啥呀，这是有所图吗？”我说：“没什么图的，老人愿意上这儿来，姑奶奶婆，婆婆都一样，是老人咱就照顾呗，人都有老那天。”同事说：“张姐，你真是好样的，做到你这样太不容易了！”

后来姑奶说她要走了，挺了一阶段没走，那时来家里看姑奶的亲戚挺多。亲戚走后，需要洗的东西，东一盆，西一堆。沙发上、床上、椅子上、柜上，床单被罩啥的堆一堆，地上一堆鞋，像小山一样。那时也没钱买洗衣机，都是手洗。后来，老人要走时，才买了一个单缸洗衣机。

姑奶在我家住了三年，在公公那住了四五个月，最后老人家在鞍山过世。

老话说：没老人显孝顺，没孩子显干净。伺候姑奶那些年，我深有体会。说好说，做难做。临到自己头上，不真心付出真做不到，老人也不能在你那待。

孝道有时就得委曲求全，不付出怎么算孝？你想咋地就咋地，那是孝心吗？如果不顺着老人，孝就是假的。我曾立志发愿，一定尽好孝道。如果没有这些小事，我不会体会这么深。经历这些，我觉得挺欣慰、挺圆满。

第四节　姑奶的嘱托

三个孩子经常说：他们没有童年。确实是，有时我和邹老

师上谁家跟人沟通传统文化，一上午，甚至一天不回来。仨孩子在家轮班照顾姑奶，一人看一个小时或两个小时，有时我们提前回来了，看完的孩子就说："你看你合适了，到你班，爸妈回来，不用你看了。"不用看的孩子会说："那谁知道啊？我赶到这了。"几个孩子挺有意思。

姑奶经常教育孩子："不能跟同学打仗，不能跟人家抢东西，让着点儿。多帮父母干点儿活，勤劳点。"虽然姑奶岁数大了，但她会嘱咐这些事。小孩和大人一样，一让啥都能和。小孩能做到让，在外边不争不吵，不打不闹。

天热时，姑奶嘱咐俩丫头："在家不能穿裙子，上学也不许穿裙子。"俩丫头放学回家都换短点的裤子或裙子，不然太热，写作业、干活儿也不方便。她们在姑太奶跟前换，她见着就说："你们穿这干啥？露了半截腿，像啥？"其实不光姑奶说，我的老人也说过，看不惯现在的孩子，穿得太露。

儿子比俩女儿淘，好动。姑奶管他叫小小，说："小小，你不能伸胳膊撂腿的，那像个啥？没有样子，你稳当点儿。"孩子有时说："哎呦，姑太奶那么大岁数，都糊涂了，她咋啥都管呢？"我和邹老师都说，你姑太奶教你们的都是对的，人家说：站如松，坐如钟。要站有站相，坐有坐相，不然不礼貌，也不好看。孩子慢慢就不嫌姑太奶烦了，也不说姑太奶管得多了。

我叔叔、大爷、姑姑，姑奶的侄男外女来看她，大家走之前来她跟前说："姑啊，我要走了，过几天有时间再来看您。"

有的说："姥姥，我要走了。"怎么称呼的都有。最后老人家说两句："走吧，好好工作啊，回家好好的，别生气！"当时我不太理解，寻思这点事算什么？后来，我和邹老师到处讲课，仔细琢磨，发现老人家嘱咐得对。

姑奶嘱咐的第一句，是不是品德教育我们要为国尽忠？不好好工作，好产品出不来，国家和单位都有损失。第二句嘱咐的是不生气，不生气家庭才能和睦。回家不吵吵闹闹，和和气气，不分家。成家立业后，父母和儿女都在，不能分家。有的老人家产多，一分家子女吵吵闹闹，甚至动用法律说和人，整得家庭不和睦。你看老人家嘱咐这些事可有道理了。

姑奶做的事，讲的道理，是我和邹老师的一面镜子。公公婆婆说的话，娘家父母做的事，我们都看在眼里。我对姑奶和亲朋好友笑脸相陪，不给人脸色，为了家庭和谐，为了大家愿意来我这孝敬老人。

第十六章　在工作中践行

第一节　干什么都要忠

说到品德教育，我没有文化，没有正式工作，是一个家属工，没为国家做过什么贡献。我20岁离开农村，之前在家干农活，之后夏天回家干农活，冬天上城里。

在农村干活，我踏实肯干，任劳任怨。那时都是大锅饭，铲地大家一起铲。有的人为了省劲，铲一锄头盖一锄头。我整个一趟垄，都给搂平了，草都搂下来，既费力又慢。

领工员和队长过来检查，用脚一趟，有的草还在顶上长着呢，一下雨草都出来了，糊弄人呢。检查到我这垄，扒拉多远没有草，都铲下来了。他们挨说，我不挨说，因为我实在。干什么都要忠，糊弄人就是不忠，最后糊弄的可能是自己。

后来，生产队的领导有招了：谁铲第一遍垄，铲第二遍时还归谁铲。这样，大家就不糊弄了，干活都认真了。

生产队挑黄豆也评比。挑黄豆种子，不能带虫眼，不然不出苗。检查到我这，领导说："你看人家整这玩意儿，都没有虫眼。"挑黄豆都是从簸箕里往下出溜，得仔细挑，一点一点扒拉。要眼疾手快，盯着看，挺累眼睛。

我不会糊弄，我挑的种子，几乎看不着虫眼，都说我挑得好。这不是自夸，这都是真实的，我做活儿一生都这样。

第二节　名声都是自己做出来的

1984年，我参加工作，在幼儿园当保育员，负责看大班的小朋友。大孩子比较淘气，都不愿意看。我和孩子沟通，声调不高，用商量的口气，从不憋憋哒哒地推搡。其实，大人小孩都识好歹，谁愿意听生硬的话呀？对待小孩也得柔和，商量着来，哄着来。时间长了，小孩子对我也有好感。有人说，这淘孩子，你怎么看得还挺好呢？我寻思是因为我没用生硬的态度。

后来就有幼师了，之前都是保育员，没有老师教课。幼师分配来后，就开始分工了：幼师教课，保育员打扫卫生、看孩子。

幼师来了，岗位调整，把我调到小班。那时，三个月大的小孩就可以送幼儿园，叫乳班。乳班的孩子，抓屎抓尿，脏。有的人不愿意带乳班，我又被调到乳班。我寻思有什么干净埋汰的？人家的孩子就是我自己的孩子。如果我自己的孩子送到幼儿园，保育员也好，幼师也好，不好好教，没有爱心，孩子

整天哭哭啼啼的，我什么心情？所以，对孩子不好，我不忍心，做不出来。

不管看大班、小班，还是乳班，我们的园长，一起工作的同事，家长对我的评价都很好。领导分哪我去哪，累、苦、脏，或不好的岗位，我全面对，不挑剔，不给领导出难题。

我在幼儿园做了十多年保育员，最后保育员都换成幼师和职工了。我们家属工陆续撤下来，我是最后一个下来的。园长、服务队队长和所有员工，买了糖和水果，给我开了个欢送会，现在想起来都很满足。我要是做得不到位，能给我开欢送会吗？别说家属工了，就是职工也没有这待遇。

在幼儿园工作期间，我得了很多先进个人。职工都没评上，我评上了。群众的眼睛是雪亮的，领导和同事看我确实做到了。我从不争，从不抢。在单位和家里，都和和气气，把所有事都当成自己的做。名声都是自己做出来的，不是谁说出来的。

从幼儿园下来五六年，我又被分到建材公司当清洁工。当时政策是：家属没到退休年龄还得安排。我被分到一楼，按理说岁数大的，应该分到清闲一点的楼层。可谁都不愿意去一楼，整个办公楼五层，进出都经过一楼，得多少人踩？最后说一楼多给两个工，那也没人愿意干。

我寻思：一楼既然安到我头上了，我就多出把力呗。活儿总得有人干，那就我干吧。大家都知道：家里那点儿地一拖都一身汗，何况整个一层，加上卫生间，一大趟楼梯口，还有楼梯。虽然很累，但我干得很认真，一直干到退休。

中间有人说张姐打扫一楼太累了，换一换人吧。领导说不换，我寻思：别给领导出难题了，干吧，活儿是人干的，没有累坏的人，只想付出，不要回报。那个经警小伙都说："哎呀妈呀，张姐，你这么大岁数，不能跟领导提一提，给你换一换楼层吗？叫他们也尝尝打扫一楼什么滋味。"小伙子当时30多岁，天天值班，他看我累得一头汗，有时就帮我拖两下。

擦办公玻璃，属我擦得亮，领导总给我好评。我虽然现在这个岁数了，做活儿也不会糊弄。

第三节　劝人学习传统文化

我在幼儿园交的几个朋友都很好，我们同龄，都会缝纫机活儿，会做棉衣。机关办公室从外地考来的老师30多岁，不会做活儿。有时叫这个姨，叫那个姐的，说："您抽出点时间帮忙做条小棉裤吧。孩子姥姥、奶奶不在跟前，孩子都穿不上，穿两条毛裤也不暖和。"那时小孩穿的小棉裤、小鞋没有卖的。

我们家里有三个孩子，姑奶还没来。我寻思，再忙再累也得帮人家做呀，做完那些，老师都很感谢。我说："不用感谢，

你们不会做，自己要会做能求我吗？”有时用缝纫机缝开线的裤子，给孩子们做棉衣，都是贪黑起早挤时间做。白天工作八个小时，没时间。晚上回去洗洗涮涮，还得织毛衣。

做活儿是一方面，有的年轻人在传统文化孝道方面不懂，我就跟她们说五伦八德，行孝悌，家庭和睦。有懂的说：“真对呀！我母亲也说过要这么做。”有的说：“我奶奶也说过。”传统文化这么好，不和亲朋好友说，如果她们家庭不和睦，我觉得我也有错，所以得宣传。

我的朋友包姐比我大一岁，她丈夫好喝酒。她嫌丈夫埋汰，都不想活了。我就解劝她：“包姐，不能那样，俩孩子都在上学，你还没完成任务呢。你要有个三长两短的，孩子谁照顾？”我一点点开导，慢慢地她也开始学传统文化了，也努力去做，后来家庭很好。

我单位有一个周姐，家庭条件好，脾气不太好，遇事不会忍让。后来我开导她，到下班点了她都舍不得走，最后也走进传统文化了。

鲁姐在我附近，之前邹老师讲过鲁姐的故事。她做得好，一直坚持，家庭和谐。她大儿媳妇兄弟姐妹好几个。小儿媳妇是独生女，每到过年，她把小儿子的岳母接来一起过年。你看人家按伦常做，很圆满，身体健康。

她的孩子也特别孝顺，尤其是老儿子，去医院伺候老丈人、老丈母娘，人家都以为是儿子，现在少有。她的三个孩子都学传统文化，特别和谐。

附近还有一个郑姐，每次讲课回来，我都抽时间去她家看看。有时在南方回不来，我就给她打电话，问问身体和近况如何。她不但自己学传统文化，还能劝亲朋好友学习。我们互相探讨，坚持走在这条道上。

她经常跟孩子说：“我这一生，就交你张姨这一个好朋友。我脾气上来挺倔的，有时认死理。要不是张姨开导我，我早没命了。”她总头疼迷糊，年轻时不注意，坐月子挑水干活儿。后来着急、上火、生气得了毛病。学了传统文化，不怎么着急、上火、生气了。我又总劝她，慢慢心放开了。现在身体可好了，什么毛病都没有。

郑姐性格挺柔和，有文化，孩子都挺好。姑娘在单位当领导，儿媳妇是哈工大的博士后，还有一儿一女也很好。

有时候实在出不去，我就打电话。在电话里唠这些事，劝说大家。我文化低，有年龄大、层次高、文化高的，我就领着邹老师。我说你跟我去谁谁家，你帮我说说，我说不明白，他就跟我去。有时我在电话里说不明白，不管他在旁边干啥，我就把电话给邹老师，让他说。

那时跟朋友在一起没闲嗑，东家长西家短的，我不会。谁说我都解劝：“别说了，人的性格没有一样的，咱别跟他们一样。”我就唠传统文化，孝悌伦常，跟她们分享这些事。

第四节　对人好言好语

我和同事、朋友们在一起探讨学习，家庭和睦，身心健康。岁数大了，不着急，不上火，不管儿女的事，儿女不反感，这是慈。唠叨大劲了，儿女反感，可能顶撞父母，到时我们受不了，也让儿女亏孝。

对儿女要好言好语，慢慢商量，讲道理。孩子小，打骂可能好使。大一点，他害怕父母，有事不跟父母说，可能欺骗父母。我们要**用爱心教化孩子，用行为感化孩子。**

大人也一样，咱对也好，错也好，别人要是好言好语，我们内心平静。别人要怼搡敲打，我们肯定寻思这个人咋说这话，可能对他有看法，慢慢产生隔阂。所以，咱们对身边的人，要好言好语好态度。不管什么人、什么逆境来了，要忍让。能吃亏，这样家庭和谐、社会和谐。

工作30来年，我不会糊弄人。家里外头的活，只要我能做到的，我就做到最好。现在想想：糊弄别人就是糊弄自己。像学校老师，你糊弄孩子，孩子成绩上不去。学校也好，家长也好，对你肯定有评价。有的小孩不学，我们没办法。不管干啥，我们都得尽心尽力做。后来退休了，我就配合邹老师做传统文化宣传工作，负责家里这一摊子事。

学伦理道德，得克制自己，家庭才能和谐。家里也好，单位也好，委曲求全，多付出，少说话，到哪儿都做合格服务员。

有人说：你不图名、不图利，上班挺辛苦，做家务挺累，劝化朋友，时间、精力都搭这上了……我和邹老师都没有这样的想法，有这想法也不能坚持30多年。有人说我们做的是件苦差事，我却觉得是个好差事。我这一辈子无论是工作、生活，遇到的事都是好事。做这些事，我每天都挺乐呵。

第十七章　在家庭中践行

第一节　家人处和

我和邹老师都是家里的老大，得做出表率，不然怎么引领弟弟妹妹？我们做不好，父母会很操心。其实，孝道没尽多少，只是跟弟弟、妹妹们很和谐，一大家子能和睦相处。

婆家这头有三个弟弟，一个妹妹。二弟办传统文化课堂，一周讲一次传统文化，大伙互相探讨怎么尽孝，怎么尽慈。每次去二弟家，二弟妹拿我和邹老师很当回事，走的时候给拿园子里的菜、鸡蛋、鸭蛋等。二弟妹说："嫂子，你想吃啥我就做啥。"我说吃酱，二弟妹就炸酱，很融洽。

婆婆已经过世，弟弟50多岁，有点小毛病，有时吵吵叭喊，不好好睡觉。三弟、三弟妹很累、很辛苦，干着农活，还得伺候老人和弟弟，很不容易。

每次回婆家，就干农村那套活儿。喂喂鸡鸭，剁猪食菜，帮老人烧炉子、烧炕、抱柴火什么的。三弟妹怕我把衣服弄脏，不让我干活。我说："没事，你天长日久地伺候父亲和弟弟，我偶尔回来一次，干点啥也是应该的。"我都抢着做，赶上过年过节，下厨房擦一擦，蹭一蹭，拾掇拾掇。

要说伺候老人，就赶上一回。婆婆60岁那年生了场大病，脑血栓，昏迷不醒，挺严重，不能上医院。村里医生说，如果用车拉到医院，路上颠簸，会有生命危险。于是婆婆就躺在农村大炕上，我伺候了两周。

老人家头枕着冰，大小便都不知道了。我帮着换尿布、擦洗，那时农村条件很差，没有尿不湿。我在婆婆身上就尽这么点孝，做得远远不够。成家后，我们搬到安达，所以，对二老心怀愧疚。

妹妹很贤惠，没成家时开店，给她大哥做衣服。那时时兴西服，一套又一套地做，也给我和孩子做。总给我们买吃的，买鞋啥的，很在乎我们。

我们是老大，没伺候老人，没照看弟弟，钱也没付出多少，赡养老人全靠人家。

结婚45年，我跟公婆、三个弟弟、两个妯娌、一个妹妹，没红过脸，没因为任何事跟他们拌嘴，吵架。兄弟姐妹之间特别和谐，没有隔阂。弟弟、妹妹们也都走在传播传统文化的道路上。

这是老祖宗的德行，前几代都是这么做出来的，我们是第四代，我女儿、儿子是第五代。我们第四代学习前三代，前辈做出榜样，我们照做，孩子们跟在后面。

第二节　劝父化脾气

再分享下娘家这头的悌道是怎么做的。从八九岁记事起，父母的孝顺，我都瞅在眼里。父亲是过子，伺候爷爷奶奶，为其养老送终。自己的亲奶奶是二伯父、伯母给伺候送终的。

我有三个弟弟和一个妹妹。我母亲身体不好，50多岁就走了，扔下8岁的小弟弟，跟我差22岁。母亲走了，父亲很难，带着小弟弟又当爸又当妈。

母亲有病时，我大弟弟和妹妹付出得最多。母亲走后，小弟弟不说流浪，也没好到哪去。姐和妹照顾又是一回事，况且我和妹妹都远嫁。

成家前，父亲跟我和妹妹说："到婆家必须孝敬父母，不孝敬父母，不许回来，不能进老张家门。要是有人捎回来什么信儿，说你们不孝顺父母，回来我把腿给你们打折了。"这是结婚前父亲对我和妹妹的嘱咐。同时，我也看到了父母是怎么行孝道的，他们的言行我看在眼里、记在心里。

我成家后，有了两个孩子，婆娘两家都顾不上。当时交通不方便，一年到头能回娘家一两趟。后来，孩子上学了，回去一趟都难。回到娘家就帮做点饭，收拾收拾屋子。后来，我父亲带着小弟弟来到大庆，领着小弟弟卖冰棍。

父亲挺孝顺，但脾气不好，脾气不好易伤人。有时慈做不出来，一说话伤儿女，儿女不愿意。我性格好，没被父亲说过。弟弟、妹妹性格也行，但他磨叽时间长了，弟弟、妹妹可能心里有点儿不是滋味。

邹老师的祖宗，几代人都传承孝文化。我的爷爷、奶奶、父母也是这么做的，但他们不会像邹老师研究那么透，把事掰那么细，让大家都能明白。

我父亲、弟弟、妹妹，虽然孝道做得挺好，但不到位，没真正受益。我从父亲下手，让他化脾气。我说：“您脾气不好，不能那样，生气容易得病。您这一生不容易，母亲走得早，您带着我们，给我们成家立业。”我父亲说：“这些事我都知道。”我一寻思他都知道，我也不能再深说了，他是长辈。

我跟弟弟、妹妹说：“首先要孝顺，自己要能付出，能受委屈，为亲朋好友多做点事。”慢慢地，弟弟、妹妹都走进了传统文化课堂，现在也都在做，都很好。

重点说下我的小弟妹，20岁成家，特别贤孝。她在娘家是老姑娘，我弟弟是老儿子。

他俩成家前，我就跟弟妹探讨传统文化。我说：“王芳，跟我小弟成家，就要委屈你了。我母亲走得早，父亲脾气不好，我小弟脾气也不咋好。他是老儿子，你是老姑娘，你俩互相担待。”她说：“行，大姐。”然后她就按我说的做了。

我跟小弟弟讲传统文化。他哼哈答应说，父亲都说过让他怎么做，家风正、家教严，要传承等。

弟妹性子好，在我父亲那能受委屈。父亲怎么发脾气，说什么，她好像都不在意，对我弟弟也那样。父亲患脑血栓，瘫痪五个月，都是小弟妹吃苦受累，尽心伺候。父亲78岁在新疆去世，所有费用都是小弟妹承担，没让哥哥、姐姐拿一分。

娘家的弟弟、妹妹们愿意听我和邹老师的，他们从不争贪搅扰、占上风。现在，弟弟、妹妹的孩子们也都学习传统文化，都很有孝念。

在悌道方面，婆娘两家都很和谐。大家乐于学习、践行传统文化。能吃苦耐劳，说话办事能受委屈。有些事情看着是委屈，真做到委曲求全，家家都会好。

第十八章　家和万事兴

第一节　家庭就是课堂

邹老师研究、弘扬传统文化三十多年，五伦八德在我们心中慢慢扎根，不管遇到什么难事，都不会放下。

当然，也没有什么难事，天天都是高兴的事。和大家一起探讨孝慈，乐此不疲。**小家好，大家好，国家才会好。**

1990年，我们开始办课堂。2012年，邹老师出去讲课，我自己在家讲不了大课，只能做点小事，跟大伙互相参学。近十年，我俩一起去全国各地义务讲课。

办课堂那些年，家里跟大车店似的，东西堆得像小山。白天讲课，晚上睡觉时，把六七张泡沫似的白板铺地上。有的地方能铺三块，有的地方能铺两块，厨房只能铺一块。家里能睡30多人，实在睡不下，妹妹领走一些。把邹老师的书都搬出来，摆一排当枕头，上面垫毛衣、棉衣，这样不那么硌得慌。

晚上休息时，床铺都是我铺，邹老师安排沏茶。东西都是我归拢的，他也找不到。二姑（姑奶的闺女）很勤劳，帮着去拿，帮着铺。二姑拍拍我的肩膀说："侄媳妇，你们家多忙，多少人，再加上我这个妈，给你添了多少活儿？你瞅瞅上面的衣服做得板板正正，叠得规规矩矩，都得撤下来，真是愁人。”我说：“二姑，没事，明天我再叠。”二姑说：“你瞅瞅，这都祸害埋汰了。”我说：“没事的。”

当时，孩子没地方学习，都挤到阳台上或走廊，楼道里搬个小桌子，三个孩子一起学习。睡觉时，三个孩子挤在一张一米五的床上，盖一个被子。那时大丫头十三岁，老二丫头十岁，老三才九岁。有时想到这些，心里很酸。

最后也挺好，两个丫头有了正式工作，儿子读了博士后，我很知足。

有的亲朋好友问我：“大姐，你们图什么呀？退休了，工资够你们生活了，你们上哪儿玩玩，溜达溜达不好吗？”我说：“我俩什么也不图，大家需要，我们就付出点。哪怕有一个人受益，不打不闹，家庭和睦了，我们就高兴，就为这个。”他们说：“哎呀，你们真有瘾。”我说：“不是有瘾，大家需要，我们懂一点，做一点。邹老师讲一讲，大伙研究，互相探讨，这对家庭、对国家都是好事。”

也有亲朋好友心疼我，说我苦，说我累，但我觉得挺满足。其实，苦累都是人做的，为谁做事，谁都不能骂我。要想家和万事兴，就要勤劳，能吃苦、忍让，能受屈、有信和顺。

第二节　好媳妇光增两门

家训说："媳妇做好了光增两门。"名誉倒是小事，但对父母肯定有好处。如果有人说他们家的女儿嫁到人家，做媳妇做得好，做嫂子做得好，也算给父母增光。再者，我要做到位的话，邹老师不生气、不操心，听不着别人说咸了淡了，你媳妇如何如何。

我们姐几个中，我爸总说我太老实、太愚、太熊。意思是我随顺，干什么不抢尖，不要强。现在看来，我这样做是对的。如果人人都如此，特别是女同志，不管年轻的，还是年老的，遇事不指责，任劳任怨，家庭就容易和谐了。

在娘家，父母嘱咐过我的，我也如此嘱咐孩子。邹老师懂得比我多，比我严厉，比我说得到位。我没文化，只能把做出的这点事说明白。三个孩子还算有孝心，知道关心我们，吃的、用的都给买。我们外出，孩子们都叮嘱注意身体。

我有时想：三个孩子虽然没像人家孩子做得那么好，也算可以，不犟嘴。这可能跟我们有关系。我们没跟双方父母抬过杠，犟过嘴。

孩子是父母的复印件，父母是孩子的一面镜子。如果父母没做出来，孩子成家立业，他还想占上风。特别是女同志，到婆家想占上风，丈夫不服她就干架，双方父母是不是操心？跟子女着急上火？所以，得从自己做起，特别是女同志，女子能顶半边天。咱们一定要低矮，为了下一代，真得付出。

现在的女子都当家说了算。别看我老实巴交的，一切家务，人情往来，待人接物，花钱买东西，都是我做。但我都提前跟邹老师商量，应不应该做？做得对不对？他说：“对，行，挺好！”我就高高兴兴去做。他说不应该那样做，我就换个方式或按他说的方式做，这样才能和谐。

其实，在家庭中，没什么大事，但也可能几句话就闹翻了。几件小事攒成一件大事，最后你恨我，我恨你。爸妈总干仗，孩子搁家待不了，有的都离家出走了。

女子在家中一定要行好五伦，不仅自己要做到位，还要会劝儿子和媳妇，代代相传。五伦，伦伦都得做到。要想做到就得委屈忍让，多吃亏，多出力，经济上多付出，不跟兄弟姐妹争。默默无闻做家务，让老人高高兴兴过晚年。

我的性格比较好，活儿都干了，事都做了，但不入心。我寻思这么做很正常，没啥可说的，谁都会做。

对苦、累、脏我没什么反应。孩子吃剩的饭，不管家里，还是外边的孩子，或大人的，我都吃，不嫌埋汰。苦我也不怕，年轻时身体好，干点活儿算啥？我寻思家里外头，只要大家高兴就好。

后来我怕什么？怕没把姑奶伺候好。一来自己于心不忍，二来老人这么大年岁，奔我们来了，那是看着我们能行。我们

要是不行，纵有金山银山她也不来呀。我心想：一定要顺从老人，把老人伺候好。这样一是对得起我的父母，二是对得起自己的丈夫，三是对得起儿女。

我如今70多岁了，凡事不往心里入，身体不错，能走南闯北和大家分享五伦八德，我觉得很好。有的像我这个岁数的人根本出不去家门，身体不好，还得儿孙伺候。

学五伦，主要是化性。性格化了，不着急上火，不管闲事，助人为乐，身体好。这样下去，小家和谐，大家和谐，国家和谐。最后父母、兄弟、朋友、夫妻都和了，这就是传统文化的魅力。最后把下一代培养成国家栋梁，为父母争光，为国家争光，为世界争光。

三十多年，我们都是这样做过来的，也将一直做下去。我们做的每件事，都要给子孙后代做榜样。我和邹老师到啥时候都不能离开这条道，肯定跟亲朋好友、子孙后代，唠叨到晚年，因为传统文化已经在我们心里扎根了。

附录

附录一　五伦词

一、五伦感恩词

感恩词

贺喜同学大庆聚，先谢品德学堂东道主！
道尊德贵人心入，改天换地新风俗，
中华大地正能普，再谢义工善付出！
普风本是善风树，善风五伦是首都，
五伦八德孝忠恕，香风盛开大同湖。
打开人类文宝库，未来中华道德主沉浮！
用我中华文宝物，地球村上亲和睦。
多谢师长同德友，爱党爱国好前途，
为国捐躯民解难，道德信仰古今书，
咱为中华立万古，舍身功德圣贤足，
修身齐家好世运，忠孝贤良根魂道本初。
庆祝大庆品德学堂：五伦八德再发展。
贺喜在座仁爱志士：孝悌花开放馨香。

咱们简单解释一下，“贺喜同学大庆聚”，今天有好多师长学友来这里听课，首先要感谢品德学堂东道主，因为这次课程是大庆品德学堂主办的。

我们办品德学堂的主旨就是为了家庭和睦，社会和谐，国泰民安。如果人人都能学习伦常道，使伦理道德深入人心，那么家庭就会和睦，社会就会和谐。

“改天换地新风俗”，是指我们要学习新的风俗，尤其现在国家正大力倡导弘扬中华优秀传统文化。“中华大地正能普”，正能量将要普及开来，人人都应该热心传承传统文化，弘扬伦理道德。不但普及中华，还要普及全世界。

我们国家领导人出访时，往往会带着中华文化典籍，送给外国政要。

截至2018年年初，全球共有146个国家和地区，建立了525所孔子学院和1113家孔子学堂。现在越来越多外国人学习中国的传统文化。中国是传统文化的发源地，全球热衷学习孔子思想，恰是一种正能量在全球普及，这是一件非常好的事情。

再次感谢品德学堂的东道主费心主办这次课堂，感谢所有义工老师的大爱付出，这是在普及、传递善良的风气。

“普风本是善风树”，善良的风气好比一棵大树，主要是传统文化的善风。而五伦八德或伦理道德，就好比文化中心、核心一样，是非常重要的。

“五伦八德孝忠恕”，简单说一下，孝是孝念，忠恕是忠己恕人。

“香风盛开大同湖”，意思是五伦八德的鲜花盛开了，微风吹动，香飘万里。大同世界的湖泊、河流里盛开馨香的大同花，这是我们追求的最高目标。

打开中华民族的文化宝库，可以说是光辉灿烂、丰富多彩、全球瞩目。现在我们国家的综合实力逐步提升，很多外国人都盛赞中国的快速发展。

未来，中华道德主沉浮。中华民族是讲究道德的礼仪之邦。我们赶上了好时候，一定用好我们手中的文化瑰宝——伦理道德，正己达人。只有这样，人类才能和睦相处，亲如一家。

“多谢师长同德友，爱党爱国好前途，为国捐躯民解难。”“爱党爱国”怎么表现呢？国家需要我时，我得站出来；民众有困难了，我得帮助解决。社会和谐需要传统文化的回归，我们讲说传统文化，就是力所能及地为国捐躯、为民解难。

习近平总书记多次讲过立德树人，我们要学习道德，为我中华立万古。中华民族永远屹立于世界东方，这才是我们的最终目标，我们要舍身为国，为中华民族伟大复兴舍身家忘性命。

“修身齐家好世运”，现在正是一个好的时代，世运非常好，也是传统文化大有用武之地之时。“忠孝贤良根魂道本初”，忠孝贤良是中华民族传统文化的根和魂，是源头。所以我们应该做到忠孝贤良，从修身齐家，落实孝悌开始，这非常重要！

二、五伦主题词

接下来是主题词，它是五伦八德的主题，我们先梳理一下：

主题词

圣贤教育学五典，典范慈孝勇当先。
先锋导演大同戏，戏演明灯孝悌传。
传道五伦八德立，立德树人艳阳天。
天天做善在今世，世间和乐大无边。
边学边干有经验，验证五伦做得全。
全面尽孝把位定，定做全四服务员。
人人孝悌忠孝做，做好孝慈都孝贤。
贤良方正行大孝，孝德广孝根孝廉。
廉洁奉公私心倒，倒在争贪那算完。
完成人生道德业，业伟检讨为国捐。
捐躯培根报恩祖，祖光后荣是真言。
言此行好大道五，五伦做全幸福园。
园丁传统文化展，展现核心价值观。

圣贤教育具体学的就是五典，五典翻译过来就是五伦大道，或者说五伦正德、人道、人伦等，也可以说是人与人之间的五

种道德关系。

“典范慈孝勇当先”。现在社会涌现一些道德模范，他们任劳任怨，勇于争先，孝慈大爱，为社会树立了良好的道德榜样，我们应当学习效仿。

在弘扬传统文化的过程中，我们要当好先锋导游，也要导演好大同戏。我们既是导演，又是演员。那么，我们演什么？主要是孝悌。我们把孝悌比作明灯，赓续相传。家家离不开孝悌。现在国家也大力提倡敬老爱老，让老有所养、老有所依、老有所安、老有所乐。

那么我们传什么？传道，传五伦八德，把五伦八德立起来。“立德树人艳阳天”，人人都这么做，不就是艳阳天吗？“艳阳天”就是非常好的社会时期，特别幸福安乐。“天天做善在今世”，如果大家都能行善做德，立德立人品，那么社会就会和谐安乐。

初学五伦八德，谁也不会，实际操作会遇到许多问题，所以我们要边学、边干，积累经验。

我们树立一个目标，在实现的过程中验证它，把五伦做全、做好、做到位。

“全面尽孝把位定”，学习五伦八德，首先要尽孝道，把尽孝道定个位，固定在那不变了。其次一个定位就是让自己做一个志、意、心、身都全的服务员。

根据《大学》的内容，四全服务员讲的是志、意、心、身的范畴：格物致知属于志的境界；意诚属于意的境界；心正属于心的境界；修身、齐家、治国平天下属于身的境界。我们做什么服务员？就要看这四种境界或四个层次的，这特别重要。四全服务员，就是全志、全意、全心、全身去为人民服务的服务员。

“人人孝悌忠孝做”，孝悌忠孝是根和魂上的事。在家行孝悌是小孝，为国尽忠孝是大孝。

“做好孝慈都孝贤”，人人争当贤孝人，都能为国尽忠，做个忠孝两全的人，那世界就大同了。

“贤良方正行大孝”，怎么行大孝？走出家门，多多为国家做事，多多弘扬伦理道德，让更多人受益，让越来越多的家庭和谐安乐。

“孝德广孝根孝廉。”《百孝篇》里有“孝廉”。孝廉，在传统文化中，特别是在家庭中非常重视。人人争当孝廉，廉洁奉公私心倒。“大道之行也，天下为公。”说的也是立身为公，打倒私心，做廉洁的人。

“倒在争贪那算完”，我们千万不要在争贪上做文章，有争贪就有搅扰。要是落到争贪搅扰里，我们就倒下了。不但自己没前途，子孙后代的前途也没了。

不倒在争贪搅扰上，应该怎么办？“完成人生道德业。”修道做德，这是伟大的事业，人人都应该去做。我们可能从事士农工商官各种行业，但道德事业居首位。道德不好了，其他事

业也不一定做得好，所以我们要重视道德事业。

“业伟”，做中华民族伟大事业，实现中华民族伟大复兴的中国梦这样伟大的事业。“业伟检讨为国捐”，我们要舍身为国，做没做到？没做到，我们要检讨没做到的原因，然后担当起民族复兴、传统文化复兴的伟业。民族复兴，文化也得复兴。

“培根”，我们要培我们的根。五伦八德好比土——德土，我们做伟业就等于培我们的根，子孙后代也是我们的根。培根的同时要报恩，“报恩祖”。祖，包括两方面：一是祖先，二是祖国。我们的父母、爷爷奶奶、太爷太奶都是祖先。祖先当初培我们的根，培我们的德，我们要报答祖先的恩德。为祖先争光，为祖国争光。“祖光后荣是真言”，后代子孙也光荣，这是真话。

“言此行好大道五”，行好五伦八德，争取把五伦做全。做全了，家国幸福，社会安定。推而广之，人类社会会实现真正的和平。五伦道德大花园，是我们真正的家园。

我们作为园丁，要精心伺候五伦大花园，让它开花结果。“园丁传统文化展”，就是我们要继承发扬中华民族优秀传统文化伦理道德，让它有大的发展。

大的发展，展现的就是核心价值观。我们开始讲，五伦八德要与社会主义核心价值观相结合。像先辈所说的古为今用，推陈出新。传统文化，我们要继承，但要创新转变地发展，与社会主义核心价值观结合起来。值得注意的是，这个理念完全可以反过来理解，也就是古今互为道，都应以推动人类社会文明进步为主基调。

附录二　自省篇

遇事往自己身上归，找找自己的原因，随时随地做检讨。

五伦八德，其实就是一个程序，或者说一个模式。如果我们按照五伦八德去做，就能做一个合格的人，做一个好人。

一、五伦自我批评

五伦自我批评主要有两大方面。

1.指导内容

主要包含以下四点：

（1）以五伦八德为自我批评指导思想。当然，传统文化博大精深，如果我们有能力可以多学习，都可以作为自我批评的指导思想，目的是让自己认识到以前做错的事情，或做得不到位的地方。明白后，才能自我反省。

（2）自我批评的主要对象是五伦之中经常接触的人和事物。既然以人为主要对象，凡是我们接触的人，尤其是经常接触的人，父母、兄弟、领导、朋友、同事等，都是自我批评的对象。

（3）自我批评的主要内容。学习五伦八德，需要有一个对治的对象，这个对象就是我们自己，同时这也是自我批评的主要内容，包括三点。

①好生气、好发脾气。如果在家里发脾气，会伤害与父母、兄弟姐妹的感情，他们也会不高兴，这不合乎五伦八德，需要自我检讨。

②私心严重，好争贪。自己没得到某个职位，或是前途，或是钱财……因此心里很不舒服。曾经做过这些，都需要自我检讨。

③吃喝嫖赌。大吃大喝，喜欢赌博，耽误事业，父母兄弟都跟着生气，这些都不合乎伦理道德，需要自我检讨。

（4）自我批评的禁忌。自我批评主要是对自己，不是对别人，不是指责别人。当然，如果夫妻、父子等关系亲密，可以提醒对方反省自己是不是有什么地方没做好，如果别人没有要求批评就不要说，自我批评主要针对自己。自我批评的禁忌主要包括以下五个方面。

①不自我批评而去批评别人。这是错误的，不要看别人的不对，要看自己的不对，不能搞反了。

②总讲别人的过错。通过学习，修心炼性做道德，不要讲别人的过错。

③总指责排斥别人。今天说弟弟这事不对，明天说丈夫那事不对……天天找别人毛病，不看自己的问题，这就不是自我

批评。

④找借口不自我批评。自我批评是好事，自我批评之后大家都欢乐，因此不要找借口逃避。

⑤自我批评后总翻老账。做过自我批评，事情就翻篇了，再翻老账伤人，对自己、对别人都不好。

自我批评可以从事到理检讨。理犯到哪了？错哪了？从事到理去找，从理上检讨自己，从根上解决问题更好一些。自我批评也可事理结合。将事情和理论结合起来检讨，我们没少这样运用，效果很好。

2.情绪参考

我太爷学过中医，家里有一些医书。这三十多年，我偶尔学一学《黄帝内经·素问》和道家的五行。

我们心灵上常常产生一些怒、恨、怨、恼、烦等情绪。这五种情绪在中医上也叫五毒，会直接影响我们的身体健康，需要我们加以控制。

（1）怒：不服。不服才发怒，发怒先伤肝，然后伤筋络，筋络有问题会导致中风、肝癌。老中医看病时，比较重视这方面。

（2）恨：好争理。恨伤心，往往血液有问题，神经不太好，导致猝死。

（3）怨：狭隘。怨伤脾，导致肌肉无力，最后就是胃癌。

（4）恼：挑剔。恼伤肺，中医讲肺主皮毛，容易生火疮，最后就是肺癌。

（5）烦：犹豫。烦伤肾，病在骨髓，导致风湿，最后肾衰。

以上这些内容，我和一些老中医探讨过，有一些道理。如果我们能明白这个道理，结合医书和中医的说法，再用中药调理，效果也挺好。当然我们还是要以科学为准。

二、破迷方能开悟

接下来讲五行：

天五行：寒、热、燥、湿、风

地五行：金、木、水、火、土

人五行：心、肝、脾、肺、肾

心，在情绪方面，在日常生活中，主要是觉悟和迷惑，所以说人的心有迷有悟。迷惑是因为不明白、想不开、不理解。迷惑后一般有四种情况：

1.不想活了

如果你有什么事想不开、不明白、不理解，或是遇到挫折了，往往会说不想活了。虽然说起来简单，但心里也是很沉重的。

2.精神不好

别人说丈夫（妻子）的不是，总是想不开，这事他（她）咋就能这样呢？为什么能这样呢？我的丈夫（妻子）不是那样的人啊？不是那样的人他（她）为啥就那样了呢？不对呀？不

能那样啊，可别人说那事就是他（她）干的，就是这么回事呀……这就是忧郁了。人心迷惑后，容易忧郁。忧郁了，精神就不好了，这些都是我们的情绪问题。

3.心神不安

看着好像是什么山还是什么水，什么花还是什么草，迷迷糊糊的，其实不是眼睛看到的，是幻觉。产生幻觉，是心神不安造成的。

以上三种情况都和自己不明白、不理解、想不开有关系。我接触过许多家长和孩子，翻来覆去想那点儿事，孩子和家长不说话，互相生气。他们让我帮忙解决，我告诉他们学习伦理道德，道理学明白了，照着做。如果发现自己之前做过的事有不当之处，就进行自我批评，这样能很大程度上解决家庭问题。

4.身体不好

第四种情况和前面三种情况不太相同，身体不好也是苦难。心迷惑产生五毒：恨、怨、恼、怒、烦；五阴：犟、拙、愚、辨、鲁；五恶：发脾气、着急、上火、抱屈、后悔；五情：忧、思、悲、恐、惊；然后是五暗：憋气、闷气、赌气、怄气、气人，这些都不是正常心态。

我们讲这些，就是告诉大家控制好情绪，其实就是控制好我们的心态，换句话说就是心情，我们都想有好心情。导致生气、上火、着急的重要根源，就是心迷惑了。

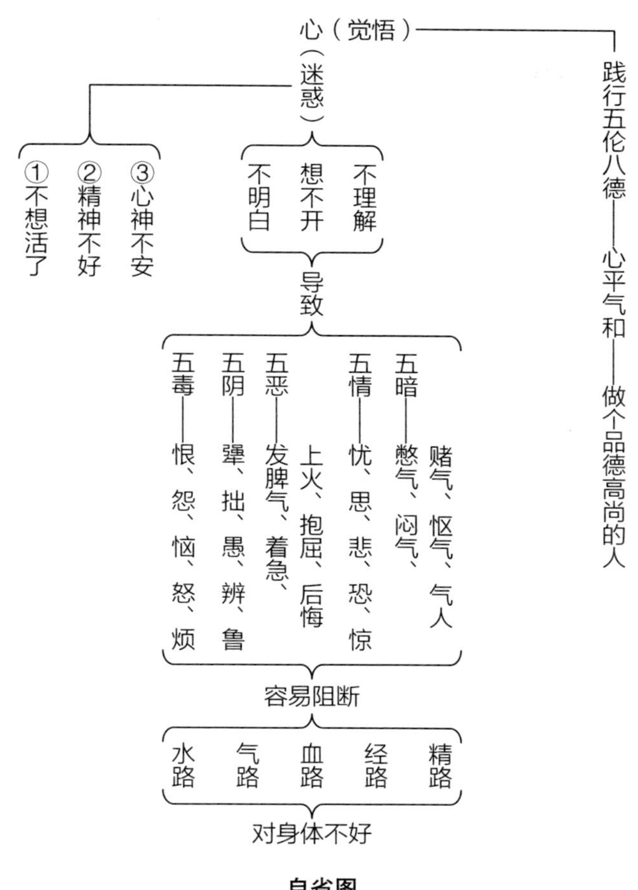

自省图

上图是为了让大家明白根源：因为自己迷惑不解，导致着急、上火、发脾气、抱屈、后悔。这些情绪出来后，容易阻断身体的一些通路。

比如：我们身上是不是有水路、气路、血路、经路、精路？水路、气路、血路、经路、精路构成我们身体的管道。如

果生气上火，阻断我们身上的通路，就容易生病。

心觉悟后，什么事都想开了、理解了，明明白白的。心里很敞亮，乐乐呵呵，不生气、不着急、不上火，身体自然好。心一明白，迷惑不解就放下了。

自古以来，品德高尚的人都能做到心平气和。按五伦八德去做，人就会心平气和。践行五伦八德，家庭和睦，也是为社会和谐贡献绵薄之力。如果人人都能做个道德品质高尚的人，世界大同就实现了。

我主要讲五伦八德或者叫五伦自省篇，如果书要给它取个名，就叫《伦理道德是做人说明书》。

附录三　感言集

一

天地间立人本孝悌为先，中华五千年优秀传统文化生生不息。纵观圣贤之道，皆天理之极，人伦之至。

家父深受祖训影响，一生秉承先人遗愿，和全家族一道努力学、修、传、教五伦八德，三十余载从未间断，耕耘至今，无数家庭受益。

本书是家父多年来在全国各地演讲、践行孝悌伦常的言行录及课程总结，结合现实社会情况，将传统的道德体系思想和行为方式深层次应用于解决当今的社会、家庭问题，警世化人。

本书以朴实无华的言辞将人伦之道展现世人，旨为崇德向善的社会风尚提供有益启迪和借鉴，也为传统文化赋予新的时代内涵。

人伦之道重在践行，脚踏实地地训练自身秉性，身体力行除人性之恶，见贤思齐，沉敛内修，便可深知其中玄妙，受益无穷。

——邹海天　2024年10月4日于深圳

二

五伦八德的清泉汩汩流出，

世世代代传承五伦八德的故事跃然纸上。

这条清泉流淌千年，永不干涸；

这些故事平凡朴实，发人深省。

掩卷细思，

唯有五伦八德，才能修齐救心；

唯有学习践行，才能了凡成圣；

唯有追随仁师，才不枉此生。

——毕君艾　2024年9月30日

三

本书是邹老师30年来，弘扬中华优秀传统文化伦理道德教育的智慧结晶，充分体现了邹老师是遵从古圣先贤及祖先教诲，是在言传身教继承和发扬祖业，可谓是“作世界圣贤业大同先导”。

2018年9月22日，我开始和邹老师学习伦理道德。通过六年的学习和践行，我的人生发生了翻天覆地的变化。如今我已是一名弘扬伦理道德教育的志愿者。在吉林省四平市梨树县各乡镇成立伦理道德课堂，参加学习的个人和家庭都受益匪浅，也得到了当地政府部门的认可和大力支持。

本书用理事结合实例的方式，通俗易懂，深入浅出诠释了伦理道德教育的重要性。古为今用的圣贤智慧中蕴涵着亘古不变的大道真理，对解决实际问题起到很好的指导作用。

只要我们能够认真阅读、研悟这本书，循序渐进地学习，实行孝悌伦常道德，真修实干，不仅会拥有幸福的人生，还会在中华优秀传统文化复兴的大道上担当起“能牺牲为天下大义同胞，为国家能舍身国魂忠孝”的责任和使命。

——张译尹　2024年9月

四

邹殿斌老师言简意赅阐明大道至简、道在平常之理。其妻张淑范老师堪称坤道女德践行楷模，为无数女子效法标杆。

此书作为提高个人道德素养内外兼修之法，为促进家庭和睦、社会和谐发展提供了详细指导说明。

可谓是人皆需要，且不能离。愿广大读者依之、循之、行之，提升自然品德、超凡入圣。

——王娜　辽宁盘锦

五

张淑范老师将女子应具有的孝顺、和睦、慈良、贞静的美

德，在伦理道德践行中体现得淋漓尽致。更可贵的是一生敦伦尽份，谨守坤范，实属不易，可谓是天下女子的道德典范。

现如今，女子在家庭、社会中的地位更为突出，若都能像张老师这般践行伦理道德，那么家庭幸福美满、社会和谐安定的大同世界将会很快实现。

——傅茂云　山东

六

邹殿斌老师及家族通过多年躬行实践，道德精髓传承，为我们写了《伦理道德是做人说明书》，教我们如何做一个真正对社会有用的人，做一个道德品质高尚的人，做一个全心全意为人民服务的人。

希望读者朋友们能够从这本书中得到启发，踏踏实实践行，步步不落空，行好中华优秀传统文化伦理道德，用优良家风来承载我们的幸福人生。

——杨喜香　黑龙江

七

追求身心健康，家庭和睦，品德提升，是每个人的愿望。现在，很多人活得很痛苦，根本原因就是缺少做人的指导，丢失了伦理道德。

《伦理道德是做人说明书》能深入人心，立竿见影地解决实际问题。

书中把邹氏家族四代人的亲身经历，以及做人的方法，做事的智慧深入浅出，从各个角度、各个层面讲得通俗易懂，老少皆宜。没有玄妙，只要按照书中所教，认真去学、去做，就能领略到古圣先贤的伟大智慧。

——侯丽娟　吉林

八

伦理道德是华夏文明一颗璀璨的明珠，是中华民族生生不息、繁荣昌盛的法脉，是中华优秀传统文化的根与魂。

邹氏家族四代人的努力践行与传承，为普通人成圣成贤树立了榜样。特别是邹殿斌老师更是孝悌忠恕的楷模，夫人张淑范老师则是坤道妇理的典范。夫妻二人几十年如一日孜孜不倦地研习，脚踏实地地力行，到全国各地宣讲伦理道德。

在我看来，《伦理道德是做人说明书》是一部指导人类幸福安乐的说明书，是社会安定祥和的指南针，是世界和平、实现大同的方向盘，是人人要学、个个要行的人生必修课。

——王伟　2024年9月21日于家中

九

邹师历经卅余载
出著伦理说明书
孝悌忠信礼义信
五伦八德为中心
家庭伦理孝培根
大道无为孝有为
家事国事天下事
万源之本贤孝人
华夏文明五千年
自然规律孝之魄
人师难寻德载物
大同之花地球村

——张洪田　新疆

十

时代呼唤文明，我们与时俱进。此时《伦理道德是做人说明书》应运而生。它“教”什么？教孝悌礼仪忠信。怎么“教”？“教子法在平常教诲蒙养，从小时告诉话印入脑筋。教养成子正路士农工商，教十方人平等民道德高。”“学”的目的是什么？

“为家庭行孝悌齐家福会，为国家能舍身国魂忠孝，老安少怀实现大同社会。”它传承给了我们做人之道、治企之道、治国之道。

邹殿斌、张淑范两位老师，30来年，在各地传承并践行圣贤教诲、孝悌慈善的理念，为我们谱写了美好的生活画卷。

通过学习让我心头一亮，《伦理道德是做人说明书》一书不就是我们苦苦寻觅的幸福之源吗？这不就是家庭教育的幸福密码吗？看似简单的伦理道德，还真是不简单。伦常道外没有道，它平常得像空气，像阳光，就像鱼离不开水一样，是日日必须行的道。

年近90岁的尊者邵大爷对我说：“姑娘，这本儿书我是看一次哭一回，我们太需要这种教育了。能读到这本书，学习圣贤文化，我这辈子就没白活。你可要好好跟着学呀，这才是人间正道啊！”

老师说过：“什么不学，都要学习伦理道德；什么不懂，都要懂伦理道德；什么不会，都要会伦理道德。”心存感恩，学生铭记于心。

——蒙秀芝　2024年10月2日

十一

邹殿斌老师受家族几代人道德慈善事业的影响，一生笃行

孝悌伦常，习古近圣。

妻子张淑范老师，把女子八德落实在生活点滴之处，成为女子效仿的典范。

《伦理道德是做人说明书》蕴含着古圣先贤的智慧，大道真理，指引着我们自身的发展方向。它凝聚精神力量，传承家道文化。

我相信只要认真读诵，躬身践行，就会受益。愿此书能让更多的家庭走上幸福和谐之路。

——林敏静

十二

中华文化源远流长，古往今来，圣贤之道悉载于人伦。家父此著，乃家族多年践行道德精髓传承，采用朴实无华的语言和感人肺腑的家庭故事，阐述人伦之至的深刻道理，警世化人。希望有缘大众能够从书中得到启发，脚踏实地践行，早日收获身心健康，家庭和谐，事业顺利！

——邹海霞　黑龙江

十三

在合上这本书的最后一页时，或许您和我一样，心中满是感慨与思索。《伦理道德是做人说明书》，犹如甘露滋润干涸的心田。一次次拜读，一次次深入灵魂深处，在字里行间，找到了返璞归真的路，找到了能让内心平和安宁幸福的道。

这本书的诞生，源于对现实的关切和对人性的敬畏。在书中，既有对善良、道义、责任、诚信等核心价值观的探索，也指明了伦理道德困境的成因和解决之道。让我们看到了伦理道德在个人成长、社会进步和人类文明发展中的重要作用。

希望这本书能够激发更多的人学习伦理道德并在日常生活工作中践行，最终成为有道德、有责任感的人，为实现中华民族的伟大复兴而踔厉前行。

——白岚　2023年11月27日于辽宁盘锦

后记

做个品德高尚的人

“国之本在于家”，家和则万事兴。国家富强，民族复兴，最终要体现在千千万万个家庭的幸福美满上。只有千家万户好，国家才能好，民族才能好。寻根觅源，只有用伦理道德修齐治平，敦伦尽分、老安少怀、素位而行，才能实现家庭和睦、社会和谐。

本书以五伦八德十善、孝悌忠恕为中心，遵循大道真理，从三纲五常规矩礼法的应用上，从义亲别序信的自然法则上，提供了优秀传统文化理论常识，结合了我本家邹氏先人们孝、悌、忠、恕的感人故事，力求启迪社会大众学、修、传五伦八德，努力躬行实践，孝悌修齐，化性固本，培根铸魂，转识成智，追行无为不争之德，共同建设仁爱尚礼的美好社会。

可以说这本书是人人、家家都需要的幸福之道路，是打开安乐之门的金钥匙，是我们炎黄子孙的立命之本，是我们诚意正心慈善的行为准则，如木之有本，水之有源，本立则道生矣！

此书分为上下两册，共计36万字，是本人研习传统文化三十多年的实际体悟，从伦理道德视角解读当今社会伦理道德现状，最后通过中华优秀传统伦理道德的应用，解决大家在生活中遇到的难题、卡点。这套理论是我通过多年的实践、运用、总结、优化归纳出来的，可以说得上是一套做人成功的模式。

书已成，诚挚感谢诸位慈心德友的鼎力相助。从书的缘起到和大家见面，从打磨润色到语言文字提炼，多位师长学友们都投入了大量的精力，放弃了和家人团聚的时间来改稿……让人为之动容，在这里我要真心感谢张淑平、毕君艾、赵迎辉、张译尹、王伟、白岚、姜琳琳、单超然、张丽娟、付丽娟、赵春红等人的大爱付出，为此书出版发行付出的智慧汗水。同时要特别感谢策划人柯祥河先生的大力支持。大家志同道合，能够同频共振，将此书携手并力出版面世。

稍有遗憾的是，由于字数偏多，删减了情绪管控等方面的内容，同时也因种种现实情况，比如当事人还在世，涉及很多修行上的故事情节不能书写。

本书是由我所讲课内容汇编而成，其实，我自己水平有限，不太想讲课，更无意出书。这些课程也是在众多传统文化爱好者劝说下才得以出版，书中内容如有不妥之处，敬请读者多多谅解。

本书若有功德，应属众志成城，敬祈社会先进名达之士，有以垂教焉。

邹殿斌

二〇二四年于国庆